예수님께 배우는 12 Steps 공과 지도법

종합문서선교의 장(場)이 되기 위한

크리스천리더출판사의 기본방향

1. 성경말씀에 중심한 발전적인 기독교 교육서들을 많이 제작해 가치 있는 교회교육이 되도록 노력한다.
2. 생활에 감동을 주고, 삶을 윤택하게 하는 글들을 많이 기획한다.
3. 정성스런 기획과 성실하고 깔끔한 일처리로 최고의 가치 있는 글들만 기획한다.
4. 이 사업을 통한 수익의 일부를 구제, 선교사업에 재 분배함으로 그리스도의 사랑을 실천한다.

예수님께 배우는 12 Steps 공과 지도법

초판 1쇄 인쇄일 2012. 12. 10.
초판 1쇄 발행일 2012. 12. 10.

지은이/한치호　　편낸이/정신일
교정 · 교열/이윤권　　편 집/방진아

CLS 크리스천리더
http//www.cjesus.co.kr

주 소 : 부천시 원미구 중동 677-16 2층
연락처 : ☎ (032)342-1979　fax.(032) 343-3567
총 판 : 생명의 말씀사 (02)3159-8211
등 록 : 제2-2727호(1999. 9. 30.)

값 11,000원

※잘못된 책은 구입하신 곳에서 바꾸어 드립니다.

ISBN 978-89-6594-069-2 03230

교사 필독 도서3

개념부터 이해하는 예수님의 12가지 주일학교 공과 지도법

예수님께 배우는 12 Steps 공과 지도법

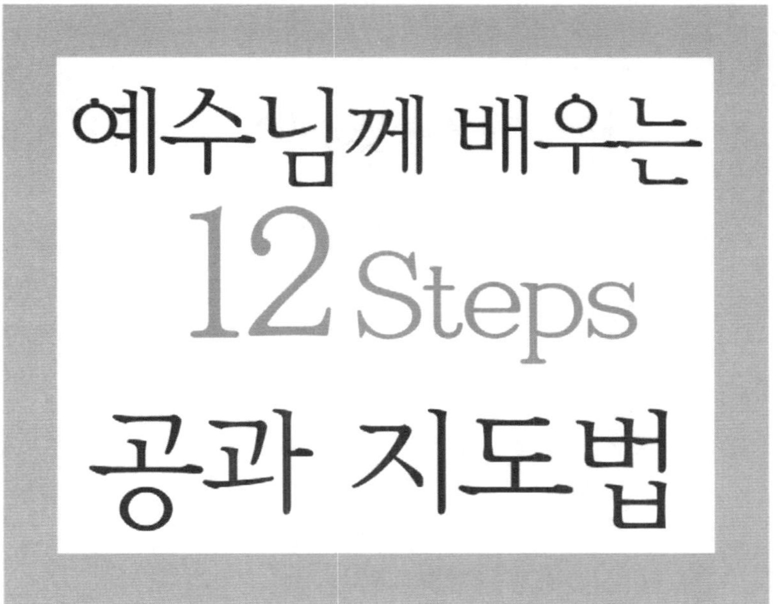

한치호 목사

"우리 반은 내가 부흥시킨다."

다른 무엇보다 말씀으로 양육하라!

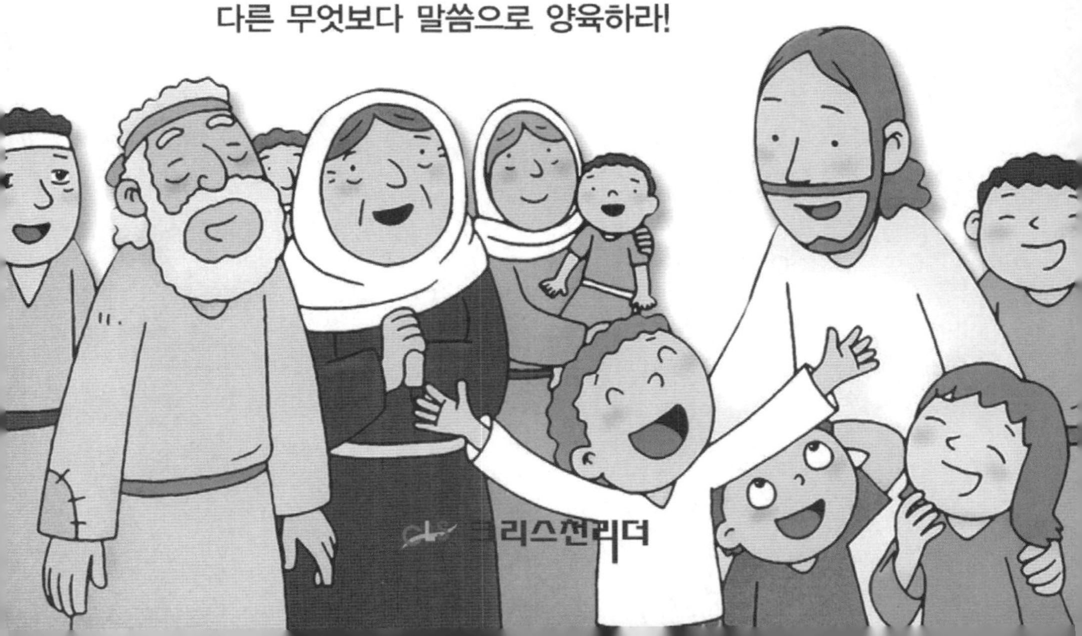

크리스천리더

차 례

탁월한 교사이셨던 예수님의 교수법

예수님의 교수법은 과연 효과적인 것이었다. 물론 그분의 가르치심이 권세가 있는 것이었으나, 독특한 교육기술은 가르침을 받는 이들에게 특별한 효과를 자아냈다. 그래서 주님께서는 먼저 세상을 바꾸어 놓을 선생들의 무리 열두 명을 가르치셨다.

이들은 예수님의 교수법에 의하여 훌륭히 학습을 하였던 것이다. 그 결과 열 두 명의 제자들 가운데 열 명이 목숨을 바쳤으며, 이로 인하여 복음이 세계적으로 퍼져 나갔다.

예수님께는 교수법을 선정, 활용하는 탁월한 지혜가 있으셨다. 그분의 가르치시는 기술은 인격까지도 변화시키는 힘을 동반하고 있었다. 우리는 앞에서 살펴본 예수님의 교수법에 대하여 어떤 느낌을 받고 있는가?

오늘날 우리들의 교수법은, 천정웅의 지적대로, “오늘날의 교수법은 과거 예수님께서 사용하신 방법을 초월하지 못하고 그 방법을 그대로 답습하거나 조금씩 개선해서 사용하고 있는 정도”라고 볼 수 있다.

우리는 당장 다음 주일의 학습을 어떻게 준비할 것인가?

호온이 묘사한 ‘위대한 교사이신 예수님’을 따라야 한다. 그러려면 예수님의 교수법을 본받아 성경을 가르치는 길 밖에 없다고 본다. 현대의 이론적인 학문에서도 교수법에 대해 여러 논의가 있지만 우리는 응당 예수님의 방법에 관심을 두지 않을 수 없는 것이다. 그렇게 할 때 우리도 훌륭하게 학습을 전개할 수 있기 때문이다. 또한, 더 나아가, 예수님의 교수법에 대한 연구도 있어야 한다. 그 이유는 다음에 옮기는 천정웅의 권면에 있다.

“예수님이 사용하신 교수방법은 누구나 모방할 수 있고, 누구나 그대로 사용할 수 있으며, 더 개선하여 사용할 수도 있지만 누구든지 예수님처럼 학생들에게 깊은 교육효과를 주어 감동과 변화와 지혜를 줄 수 있느냐 하는 점이 문제이다.

그렇다. 우리들이 예수님의 교수법을 모방하여 학습지도를 할 수는 있어도, 예수님처럼 교수효과를 자아낼 수 있느냐 하는 것은 의문일 수밖에 없다. 그러므로 예수님의 교수법을 공부해서 나의 교수법으로 익히고, 예수님의 원리를 따라 수업을 계획하며 또한 끊임없이 연구해야 한다.

앞에서 이미 살펴보았지만, 예수님의 교수법에서 우리는 두드러진 특징 하나를 발견할 수 있다. 그것은 그의 교수법이 그 자신을 위해서 선정, 사용된 것이 아니라고 하는 점이다. 그가 사용한 여러 가지의 독특한 기술은 교사의 편에서보다 학습하는 사람들의 편에서 취급된 것들이었다.

주님께서는 사람을 구원하기 위하여 말씀을 선포하셨다. 그래서 예수님의 복음에 귀를 기울일 수 있도록 교수법을 사용하셨다. 예수님께서 사마리아 여인을 가르치셨던 요한복음 4:1-43의 내용이 이를 분명하게 드러내 준다. 뿐만 아니라 그는 제자들을 부르실 때 '사람을 낚는 어부' (마 4:19)라고 하셨다.

예수님께서는 그 자신의 말씀처럼, "내가 온 것은 양으로 생명을 얻게 하고 더 풍성히 얻게 하려는 "자세에서 가르치시는 일을 다 하셨다. 이에 대하여 이비가 더욱 구체적으로 설명해 주고 있다: "예수의 교육 목적은 첫째, 사람들로 하여금 죄를 회개하고 완전히 구원의 확신을 얻게 하는 것이며, 둘째, 구원을 받은 신자의 품성과 생활을 경건하게 살 수 있도록 훈련시키는 것이다." 예수님의 교수방식은 철저히 가르침을 받는 이들의 편에서 이루어졌다. 그런데 보라! 지금 당신의 교수-학습은 어떠한가? 당신 자신의 교수방법, 당신 자신의 교수-학습 활동에 아이들을 끌어들이고 있지 않은가? 그리고 또 묻는다. "당신은 당신에게 맡겨진 아이들의 구원문제를 생각하면서 지난 주일에도 공과를 공부하였는가?"

아이들이 중심이 되지 않는 학습 패턴은 잘못된 것이다. 교수-학습은 교사가 설계하고 진행하지만, 그것은 학습을 하는 아이들의 편에서 준비되고 가르쳐져야 한다. 우리들은 할 수 있는 대로 힘을 기울여 예수님의 교수법을 모방하자. 그리하여 어느 날엔가는 내 것으로 만들도록 하자. 그리고 예수님의 교수법 이면에 담긴 원리를 연구하여 아이들의 편에 서서 교수법을 계발하고, 참으로 아이들을 위한 교수법을 활용하도록 해야 하겠다.

1. 열린 교사이신 예수님

우리는 언제든지 공과공부의 뜻을 예수님의 말씀에서 찾게 되는데, 그것은 "내가 온 것은 양으로 생명을 얻게 하고 더 풍성히 얻게 하려는 것이라"(요 10:10 하반절)는 사실이다. 기독교 교육의 종점은 인간의 구속이다. 예수님 안에서 구체적으로 제시된 기독교 교육의 목적을 이비(C. E. Eavey)는 다음과 같이 정리하였다.

"첫째, 사람들로 하여금 죄를 회개하여 구원에 이르도록 하는 것이며, 둘째, 구원받은 하나님의 자녀가 그에 맞는 품성을 유지하며, 경건히 살아가도록 훈련시키는 것이다."

따라서, 기독교교육은 그 범위가 굉장히 넓다고 하겠다. 그것은 우주적일 수 있다. 교회를 비롯하여 사회와 학교에서 수행되어야 하는 과제다. 사실, 우리는 교회에서 교육하는 일을 기독교교육이라 말하고 있는데, 이렇게 되면 기독교교육의 장(Field) 은 너무 좁아지는 것이다. 교회에서 실천되는 교육은 기독교교육의 한 분야일 뿐이다. 그것은 교회를 중심으로 하여 다룰 수밖에 없기 때문이다. 교회의 교육을 기독교교육이라 말할 수 있지만, 그것이 곧 기독교교육이라고 말할 수는 없다는 사실을 기억하면서 교회에서의 기독교교육을 우리의 과제로 삼아야 한다.

우리는 기독교교육을 주님께로부터 위임받고 있다. 마태복음 28:20에서 예수님은 말씀하신다.

“내가 너희에게 분부한 모든 것을 가르쳐 지키게 하라 볼지어다 내가 세상 끝날까지 너희와 항상 함께 있으리라 하시니라.”

그러므로 우리는 기독교교육이라는 사역에 헌신해야 한다.

이러한 헌신에 있어서 예수님이야말로 교회의 교육 일선에 있는 교사들의 사표(Model)가 된다고 말할 수 있다. 우리는 예수 그리스도 안에서 교사의 모습을 발견해야 한다. 그리고 그가 보여 주고 있는 ‘교사의 자격’에 주목해야 한다.

“예수님은 으뜸가는 선생 이상의 분이셨다. 그는 비길 데 없는 교사이셨다”고 코리지네가 교사로서의 예수님을 말하였지만, 예수님께서는 사역의 대부분을 가르치는 일로 보내셨다. 그래서 윌즈는 예수님이야말로 위대한 교사라고 하였던 것이다. 공관복음서에 따르면 예수님께서는 갈릴리 회당에서부터 전도활동을 하신 것으로 나타나고 있다. 그런데 이 전도사역이 곧 가르치는 일이었다. 우리는 그의 사역에서 드러낸 교수법의 특징들을 찾아내어 오늘의 교회교육현장에서 답습해야 한다. 예수님의 교수법이 바로 우리들의 교수법이어야 하고 기독교교육을 실천하는 방법이 되어야 하기 때문인 것이다. 예수님은 복음서 전체에서 ‘회당에서 가르치시는 사역’을 훌륭하게 이루셨음을 우리에게 보여 주고 계신다.

그분에게는 늘 가르치시는 활동이 있었고, 열린 교사로서 심지어는 길을 걸으면서도 가르치셨다. 예수님이야말로 자신의 삶이 '가르치는 모든 것' 이 된 열린 선생님이셨다. 그는 언제나 열린 교실에서 학생들을 가르치는 열려 있는 선생이기를 원하셨다. 학생들은 예수님 앞에서 자유롭게 자신을 드러내었고, 자신의 삶에서 그분의 가르침을 받았던 것이다. 그는 유대인의 풍습과 습관대로 성경을 가르치셨다고 천정웅은 교사로서의 예수님을 묘사하고 있다.

"예수님이 회당에 들어가서 말씀을 가르치신 것은 예수님 당시에 회당이 민중학교로서 유대인들에게는 중요한 교육기관이기 때문이다."

그렇게 되자, 사람들은 예수님 앞에서 '열린' 학생이 되었고, 그들은 그분의 가르침을 삶 속으로 받아들였다. 성경, 특히 복음서에는 선생으로서의 예수님을 보게 해주는 기록들이 많이 있다. 우리는 예수님을 만남 사람들이 열린 수업을 하였던 대표적인 사례를 요한복음 4장에서 보게 된다.

여기에는 예수님과 사마리아 여인의 대화가 기록되어 있다. 그분은 당시의 이스라엘 랍비들의 습관을 무너뜨리고, 사마리아의 여자에게 다가가셨다. 그녀는 많은 남편을 두었던 부도덕한 여인이었다. 그만큼 그녀에게는 구원이 필요하였던 것이다. 예수님을 만난 사마리아 여인은 자신의 죄를 깨닫고 선하신 선생님님을 구주로 영접하여 구원의 축제에 참여하였다.

오늘날, 우리들이 공과공부의 시간을 갖는 참 이유는 무엇일까? 그것을 한마디로 말한다면 하나님을 사랑하자는 것이라고 말할 수 있을까? 공과공부의 내용은 학습자로 하여금 하나님을 섬기도록 돕는 것이라 볼 수 있다. 하나님을 사랑하고, 하나님을 섬긴다는 것은 삶의 작업이다. 따라서 공과공부는 인간의 삶을 다루면서 가르침을 통하여 인간으로 하여금 하나님의 말씀에 응답하도록 이끌어 주는 작업이 되어야 한다.

진리를 구체적으로 드러내는 교수법

우리는 예수님의 제자들이다. 또한, 모든 이들을 제자로 주님께서 우리에게 분부한 모든 것을 가르쳐서 지키게 해야 할(마 28:19-20) 책임 앞에 있다. 주일학교에서의 공과학습은 예수님의 명령을 따라 다른 사람을 제자 삼아 가르치는 일의 실천이다.

그렇다면, 우리의 스승이 되시는 예수님은 어떻게 가르치셨는지 연구해 볼 필요가 있다. 나아가, 교사로서 우리들이 기독교교육의 한 분야에서 가르치는 사역을 담당하고자 한다면, 예수님의 교수법을 배워야 한다.

교사이신 예수님께서는 "하늘의 지혜와 하늘의 교훈 그리고 능력을 가지고 백성들을 가르치셨다." 주님께서는 가르치시는 일에 있어서, 전통적인 랍비의 교훈방법을 사용하셨다. 제자들을 선택하여 함께 생활하며 가르치셨을 뿐 아니라, 자신의 능력을 전수해 주시기도 하셨고(마 10:1), 때로는 찾아오는 군중들을 향하여 임박한 하나님의 나라를 선포하셨다.

그래서 사람들은 때때로 예수님을 '랍비'라고 불렀다. 그러나 예수님의 가르침은 흔히 보아온 랍비들과는 다른 점이 있었다. 그의 가르치심에는 랍비들에게 없는 권세가 있으셨다. 그리고 이제까지 랍비들이 가르친 내용과는 전혀 다르게 가르치셨다.

우리는 산상수훈에서 랍비들의 가르침과 예수님의 가르침이 어떻게 다른지 비교해 볼 수 있다. 예수님께서는 아주 독특한 교수법으로 가르치셨다. 살인에 대해서(마 5:21~22), 간음에 대해서(마 5:27~28),

이혼에 대해서(마 5:31~32), 맹세에 대해서(마 5:33~37), 원수 갚는 일에 대해서(마 5:38~42), 원수에 대해서(마 5:43~44), 여기에서, 우리의 관심은 예수님께서 가르치실 때 어떤 교수법을 사용하셨는가에 대한 것이다. 프라이스는 예수님이야말로 교수기법에 통달하셨던 분이라고 설명해 주고 있으며, 특히 헤이코크의 글에 따르면, 예수님께서는 아이들뿐만 아니라 어른들에게도 호소가 되는 교수법을 사용하셨다고 말하고 있다.

사람을 변화시키는 교수법

예수님은 '말만 하고 생활에서 본이 되지 못한' 바리새인들과 서기관들을 나무라셨다. 그들을 향해서, 외식하는 자들이라고 엄히 꾸짖으시면서 "그러므로 무엇이든지 저희의 말하는 바는 행하고 지키되 저희의 하는 행위는 본받지 말라"(마 23:3)고 하셨다. 예수님이 사용하신 중요한 교육방법 중 하나는 삶을 통한 교육이다. 예수님은 미사여구를 써서 말만 잘하신 분이 아니시다. 당신의 생애가 곧 교육이셨다.

당신이 말씀하신 바를 스스로 실천하여 본을 보이셨고, 제자들에게도 가르침 받은 대로 실천에 옮기도록 훈련하셨다. 제자들 사이에서 누가 크냐 하는 문제로 서로 옥신각신하며 다투고 있을 때를 기억해 보자. 예수님께서는 친히 대야에 물을 담아 제자들의 발을 씻기시며, 겸손의 모범을 보여주셨다. 그리고 "내가 주와 또는 선생이 되어 너희 발을 씻겼으니 너희도 서로 발을 씻기는 것이 옳으니라"(요 13:14) 하고 교훈하셨다.

또한, "너희 원수를 사랑하며 너희를 핍박하는 자를 위하여 기도하라"(마 5:44)고 가르치신 예수님은 자신을 십자가에 못 박는 사람들을 위하여 기도하셨다.

"아버지여 저희를 사하여 주옵소서. 자기의 하는 것을 알지 못함이니이다"(눅 23:34).

특히, 예수님의 십자가 대속의 죽음과 무덤에서의 부활은 지금까지의 교훈이 단순한 말에 그친 것이 아님을 보여주신 위대한 삶이라고 할 수 있다. 예수님께서 탁월한 교수법을 가지셨던 동기는 무엇이었을까? 그것은 사람들을 구원하고자 하는 목적 아래서 가르치시고자 하셨기 때문이다. 이에 대하여 스마트(J.D. Smart)는 이렇게 요약해 주고 있다.

> 예수님께서는 복음을 친밀한 개인적인 관계에서 전하시고자 하셨다.
> 제자들에게 그들을 훈련시키려는 의도에서 복음과 진리를 충분히 가르치시고자 하셨다.
> 제자들이나 그를 따르는 이들로 하여금 훈련받아 예수님의 복음을 더욱 힘 있게 전하게 하시고자 하셨다.

예수님의 교수법이 지닌 목적을 마태복음 9:35절이 설명해 준다고 하겠다. 성경을 보자 : "예수께서 모든 성과 촌에 두루 다니 사 저희 회당에서 가르치시며 천국 복음을 전파하시며 모든 병과 모든 약한 것을 고치시니라."

예수님의 교수법은 철저하게 구속 사역에서 비롯된 방법이다.

그는 지식전달이나 말로만 가르치기 위하여 가르치시지 않으셨다. 생명이 없는 이들에게 생명을 갖게 하고 하나님의 자녀로서 아버지 앞에 설 수 있도록 '사람의 변화' 에 관심을 둔 것이다.

2. 예수님의 교수법이 지닌 특징

쉽게 가르치셨다

예수님이 제자들을 가르치신 교육의 특성은 무엇보다도 쉽게 가르치셨다는 점이다. 마치 어머니가 자녀에게 이야기해 주시듯이 쉬운 말로 단순하게 가르치셨다. 어떤 어머니가 아들에게 "얘야 너 학습능력을 증진시켜야 하겠구나" 하겠는가? 그저 단순히, "얘, 공부해라"라고 할 뿐이다.

예수님은 어부인 베드로에게 "나를 따라오너라. 내가 너희로 사람을 낚는 어부가 되게 하리라"(마 4:19) 하셨고, 들에 나가셔서는 "공중의 새를 보라", "들의 백합화가 어떻게 자라는가 생각하여 보라"(마 5:25-34)고 말씀하셨다.

이처럼 예수님의 가르침은 아이로부터 어른까지, 배운 자나 무식한 자나 다 알아들을 수 있는 쉬운 말로 가르치셨다. 알고 보면 성경이 그렇게 어려운 책이 아니다. 예수님께서는 그 시대의 가장 평범한 사람들이 쓰던 대중언어를 가지고 말씀하셨고, 성경은 대중의 문체로 기록되었다. 안타까운 것은 교사들이 '쉬운 성경을 어떻게 하면 어렵고 고상하게 가르칠까' 고민하며 연구하고 있다는 사실이다.

재미있게 가르치셨다

성경에서 예수님이 눈물을 흘리셨다는 기록은 찾을 수 있지만, 웃으셨다는 말을 찾지 못했다. 그러나 예수님이 가르친 말씀을 가만히 생각해 보면 퍽 재미있는 표현들을 쓰고 계신다. "약대가 바늘귀로 들어가는 것이 부자가 하나님의 나라에 들어가는 것보다 쉬우니라"(마 19:24) 하신 말씀이라든지, 서기관과 바리새인들을 책망하시는 중에도 "하루살이는 걸러내고 약대는 삼키는 도다"(마 23:24) 라고 하셔서 웃음을 참지 못하게 하신다.

또한, "너희 중에 누가 아들이 떡을 달라 하면 돌을 주며 생선을 달라 하면 뱀을 줄 사람이 있겠느냐"(마 7:9~10) 하신 말씀도 대단한 코미디라고 볼 수 있다. 이렇게, 예수님의 가르침에는 위트가 넘치고 있다. 사람들은 대개 딱딱한 이야기는 듣지 않거나 듣고 쉽게 잊어버리지만 재미있는 이야기는 귀가 솔깃하고 잘 잊어버리지 않는다. 그러므로 교사는 수업시간에 적어도 한 번쯤은 학생들을 웃길 수 있어야 한다. 그리고 웃음 속에 복음적 진리가 담겨 있도록 해야 한다.

정곡을 찌르셨다

어느 날, 서기관과 바리새인들이 간음하다 현장에서 잡힌 여인을 끌고 기세가 등등하여 예수님께 데려왔다. 그리고 "모세는 율법에 이러한 여자를 돌로 치라 명하였거니와 선생은 어떻게 말하겠나이까" 하고 질문하였다. 잠깐의 침묵이 흐른 뒤 예수님은 "너희 중에 죄 없는 자가 먼저 돌로 치라"(요 8:7) 하셨다. 이것은 실로 정곡을 찌르신 말씀이었다. 그렇게도 기세등등하던 사람들은 모두 나가버리고 말았다. 주님의 제자가 되는 것이 두려워 "나로 먼저 가서 내 부친을 장사하게 허락하옵소서" 하는 사람에게는 "죽은 자들로 저희 죽은 자를 장사하게 하고 너는 나를 좇으라"(마 8:22) 하셔서 그 사람의 말문을 막아버리셨다.

성전에서 장사하는 무리들을 쫓아내자 "네가 무슨 권세로 이런 일을 하느뇨" 하면서 대드는 대제사장들과 장로들의 뻔뻔스런 모습, 예수님의 대꾸(마 21:24~25)에 말문이 막히자 바리새인, 헤롯당, 사두개인들을 동원하여 말의 올무에 빠뜨리려고 하는 것을 아신 주님은 "화 있을진저… 화 있을진저, …뱀들아 독사의 새끼들아 너희가 어떻게 지옥의 판결을 피하겠느냐"(마 23:33) 하고 직격탄을 쏘기도 하셨다.

사랑으로 가르치셨다.

흔히 사람들은 요한을 가리켜, 예수님의 제일 사랑 받던 제자라고 한다. 이렇게 불리게 된 데는 먼저 이름 자체가 "여호와의 사랑하는 자"란 뜻을 가지고 있기 때이기도 하지만, 또 한 가지는 요한이 쓴 복음서에서 자신을 표현할 때마다 "예수의 사랑하시는 제자"라는 표현을 썼기 때문이다(13:23, 19:26, 20:2, 21:7, 21:20 등). 그리고 그는 항상 예수님 곁에 앉으려 했고 마지막 만찬 때는 예수님의 품에 아예 기대고 있었다(13:23). 자신이 예수님의 사랑을 가장 많이 받고 있다고 생각한 것이다.

그렇다고 해서 예수님이 누구를 더 사랑하시고 누구를 덜 사랑하시지는 않으셨다. 원수도 사랑하시는 주님은 모든 사람을 똑같이 사랑하신다. 더구나 당신이 불러 세우신 제자들을 편애하실 리가 없다. 다만 제자들은 한결같이 자신이 주님의 가장 사랑을 받는다고 생각하는 것이다. 그러니 서로 누가 크냐하고 언쟁이 벌어질 수도 있었던 것이다.

우리는 교사로서의 모범이 되시는 예수님을 본받아 효율적인 교수 전개를 위해서 예수님의 교수법을 활용해야만 하겠다. 당신이 참으로 훌륭한 교사가 되려면 예수님을 따른 방법 외에 그 무엇이 있겠는가? 예수님은 교수법의 분야에서도 위대한 스승이 되신다.

우리 모두 선생이신 예수님을 본받아 효과적으로 교수-학습을 진행하기 위한 준비에 진력해야 하겠다. 당신의 수업은 당신이 노력으로 준비한 만큼 보장되는 것이니 힘을 다하자.

1부

공과의 개념과 학습에 대한 이해

01_Steps

공과공부(분반공부)란 무엇인가?

1. 성경학습을 위한 교과과정

공과는 성경을 학습하는 과정이라고 생각하면 된다. 교사와 학생이 '얼마의 기간 동안에 가르치고-배워야 한다'는 계획 아래, 학습에 따르는 필수내용들만 골라서 배열한 작업에 의해 공과가 만들어진 것이다. 모든 공과는 학습의 현장이 되는 주일학교의 구조를 고려해서 3년을 한 주기로 성경의 내용들을 구분, 배치하였다. 즉, 3년을 학습하면 성경 전체를 한 번 섭렵하게 되어 있는 것이다.

공과는 성경학습을 체계적으로 계획한 것이다. 커리큘럼으로써 곧 공과이다. 공과는 주일학교 교육의 출발이자, 그 전부를 의미하는 실천계획이다. 공과학습을 떠난 주일학교 교육은 생각조차 할 수 없으며, 공과가 소홀히 취급되는 데서 주일학교 교육이 바로 될 수 없는 것이다. 여기에 공과의 중요성이 있는 것이다. 따라서 교사는 공과를 단 한 과라도 소홀하게 다룬다거나 '대충' 넘어가는 일이 있어서는 안 된다.

모든 공과들은 '성경적인 원리로서' 그리스도를 중심하여 성경의 내용을 바탕으로 학습자들과 관련된 것들이 적용되어 구성되었다. 성경의 각 주제에 따른 계열성, 계속성, 통합성의 원칙으로 교과 과정이 구성되어 있어서 성경 전체를 학습하도록 되어 있다.

그러나 공과가 성경 66권을 다 수록하고 있다 할지라도 공과는 공과에 지나지 않는다. 그것이 성경의 위치를 대신할 수는 없는 것이다. 그럼에도 교회교육의 현장에서 쉽게 볼 수 있는 일로, 성경의 본문을 완전히 읽는 일이 없이 공과에만 의존해서 학습을 진행하는 교사들이 있다. 아예, 성경을 펼쳐보지도 않고 공과를 지도하는 교사들도 있다. 아마도 그들은, 공과가 성경의 내용을 담고 있기 때문에 성경을 펼쳐서 본문을 찾아 읽는 일이 번거롭다고 여기기 때문에 그렇게 하는 것 같다.

미국 남침례교의 기독교 교육학자인 파일랜드는 이렇게 지적하고 있다. "공과교재는 성경학습을 돕기 위해서 짜여 진 보조자료이다. 그 이상도 그 이하도 아니다." 성경과 공과에 대해 이 이상 명확한 선언은 없다. 공과는 공과에 지나지 않는 것이다. 공과가 아무리 체계 있으며, 합리적으로 잘 작성되어 있어도 그것이 성경을 대신할 수는 없다. 우리가 가르치는 것은 성경이지 공과가 아니다.

파일랜드의 공과에 대한 부언을 따라서 읽어보자.

"공과는 각 연령층에 있는 학습자들이 성서학습을 조직적으로 할 수 있도록 인도하고 교사와 학생들이 공히 학습하는 도구(수단)를 제공받도록 한다."

주일학교의 교과서는 성경이다. 성경 외에 다른 교과서는 있을 수 없다. 우리는 성경을 가르쳐야 한다. 공과는 단지, 아이들로 하여금 '그들의 일상생활에서 성경을 이해하고, 감사하고 적용하는 것을 돕기 위해서 마련된' 도구일 뿐이다.

성경이냐, 공과냐? 우리는 가르침의 우선권을 성경에 두어야 한다. 교육신학자 프로스트라는 이렇게 강조하였다.

"주일학교의 교육에 대한 사역은 3중 구조를 지니고 있는데, 첫째-둘째-셋째 모두가 성경을 가르치는 일이다."

성경학습에 있어서, 공과가 성경을 가르치고-배우는 일의 보조자료 이상이 되어서는 안 된다는 사실을 명심해야 하겠다. 우리들은 성경을 가르치기 위한 교사인 것이다. 사람에게 계시하기 위해서 영감으로 기록된 하나님의 메시지를 가르쳐야 한다.

2. 단원과 단위학습

1) 단원에 대한 이해

아이들에게 학습을 시키는 일에 있어서는 설계도가 필요하다. 학습이라고 하는 집을 효과적으로 짓기 위해서 학습할 내용이 결정되면 그 내용을 학습하기 위하여 조직하게 되는 작은 내용들이 마련되어야 한다. 쉽게 말해서, 가르치고자 하는 내용이 방대하므로 이를 잘 정돈된 적당한 단위로 나누어야 하는 것이다.

그것은 마치 높다란 담을 쌓기 위해서 손쉽게 옮겨 쌓을 수 있는 벽돌을 마련하는 일과 같다. 학습해야 할 내용이 크든지 작든지 학습자의 수업능력 및 학습 환경 조건을 고려해서 적당한 크기로 구분할 필요가 있다. 이 구분의 총체를 단원이라고 하는 것이다.

그런데 가르칠 내용을 작은 크기로 구분하는 일을 무조건 단원이라고 일컬을 수는 없다. 학습할 내용의 구분에는 어떤 교육학적인 근거를 지닌 통일성이 뒷받침되어야 하기 때문이다.

논리적 통일성 : 지식적으로 학습하는 것을 중심으로 묶는 것

심리적 통일성 : 학습하는 사람의 흥미본위를 중심으로 묶는 것

기능적 통일성 : 기술을 익히고 닦도록 하는 것을 중심으로 묶는 것

경험적 통일성 : 경험을 학습의 바탕으로 해서 경험 중심으로 학습 내용을 묶는 것

일반적으로 주일학교의 교육활동에서는 논리적 통일성에 기초한 단원의 학습이 이루어지고 있다. 그리고 학습의 극대화를 위해 경험적 통일성의 원칙이 합쳐지기도 한다.

한편, 공과교재에 따라서는 '단원' 대신에 주제, 제재라는 명칭을 사용하고 있기도 하다. 이는 모두 단원과 같은 뜻으로 사용되는 동의어인데, 사실상 단원으로서의 성경으로는 약하고, 단지 학습 내용의 집합체라는 느낌을 줄 때 주제, 제재 또는 제목이라는 따위를 사용한다. 앞에서도 살폈지만, 가르치고자 할 때는 학습에 대한 개개의 단원을 조직해야 한다. 체계적인 순서 배열에 따라 학습할 내용을 구분 지어야 하는 것이다. 이를 흔히 교과 과정을 세운다는 것으로 이해할 수 있다.

전통적으로 교과 과정은 그 내용상 두 가지로 대별되고 있다. 교재 중심의 교과 커리큘럼과 학습하는 사람의 경험을 중심으로 엮는 경험중심의 커리큘럼이다. 여기에서, 교과 커리큘럼의 구성요소가 되는 단원을 '교재단원' 이라고 일컫고, 경험 커리큘럼의 구성

요소가 되는 단원을 '경험단원' 이라고 부른다.

주일학교의 교재뿐 아니라, 교회의 교육에서는 대개 교재단원의 방법을 사용해 왔다. 근래에 이르러 개발되고 있는 주일학교 교재들은 경험단원의 원칙을 상당히 수용하고 있는데, 근본 교과과정은 교재단원 위에 세워져 있다.

교재단원의 성격은 논리적인 통일성을 지닌 것으로 모든 교과과정의 기본적인 방법이다. 학습조직으로서의 교재단원은 한마디로 이렇게 설명된다. "체계적인 학문적 지식의 계통이 객관적으로 존재하는 것을 전제로 하여, 교사가 그 계통을 좇아서 학습자에게 전달. 교수하기 위하여 조직한 구분이다"

교재단원은 지식적인 학습을 중심으로 삼고 있다. 하나님의 언약사상을 가르치고 그 언약을 받은 성도들의 영적인 삶에 대하여 학습하도록 한다는 교육목표를 세웠을 때, 이를 하나의 주제로 '하나님의 구원과 어린이의 영적 생활' 이라고 표기할 수 있다(대한예수교장로회-합동측, 초등부 교육교재). 이 교육주제는 단기간에 완성될 수 없는 것이다. 따라서 3년차의 교과과정으로 나누고, 이를 다시 매년 차에서 매 학기의 단원으로 구분 짓고, 52시간의 단위학습으로 교과과정을 엮는 것이다. 끝으로, 단원은 학습에 대한 전개도, 곧 설계도라는 사실을 기억해야 할 것이다. 그리고 단위학습은 단원 학습지도계획의 전개라는 사실도 잊어서는 안 된다.

2) 단위학습에 대한 이해

단위학습은 단원을 하나의 프로그램으로 펼쳐 보이는 것이다. 단위학습의 충실성은 건강한 단원을 꾸민다. 단원은 단위학습으로 전개되어야 하는데, 이 전개는 곧 학습지도 과정에서 직접적으로 수업의 실제 활동을 예상하는 부분의 지도전개계획이라고 할 수 있다. 주일 오전의 단위학습은 집으로 치면 벽돌 한 개와도 같다. 똑같은 벽돌이라도 기둥으로 세워지기 위해 쌓이는 것과 창문의 틀을 세우기 위해 쌓이는 것은 다른 법이다. 그러므로 공과교수를 진행하는 우리들은 주일 오전의 학습을 그날의 단위학습으로만 여겨서는 안 되겠다. 늘 단원의 내용을 파악하고 ' 오늘의 단위학습이 단원에서 어떤 위치에 놓여 있는지 '를 고찰하여 학습에 임해야 할 것이다.

단위학습이란 매주일 오전에 성경공부를 하는 내용을 가리킨다. 즉 '과' 라고 설명될 수 있는 것이다. 단위학습에서 다루는 내용(과정)은 공과마다 조금씩 다르지만 대개 다음과 같이 엮어져 있다.

① 공과학습의 기본 자료

제목, 읽을 말씀(본문), 외울 말씀(요절), 학습목표

② 교사의 학습을 위한 교수준비

교사의 준비 : 교사 자신의 자세
학습을 위한 교구, 교재의 마련
학생의 학습준비
성경본문의 연구
: 성서적인 배경탐구, 성경 용어의 해석, 본문 내용의 주안점 고찰

③ 교수 – 학습의 진행

도입 : 이끄는 말
성경이야기 : 진리의 탐구
결론 : 생활에의 적용
다짐의촉구 : 반응으로의 초대

④ 단위학습의 평가와 다음 학습의 예시

교수 : 학습 진행의 평가

학생의 학습 과제 제시

차시 학습의 준비

교사의 반성

3. 교수-학습의 여러 방법들

아이들이 사람에 의하여 인도되어서 왔든, 자의적으로 왔든지 주일학교에 출석한 것은 성령님의 인도하심으로 말미암은 것이다. 하나님께서 부르지 않으시면, 교회로 오지 못 한다. 이렇게 그들을 교회로 모아 주신 성령님은 그들의 마음에 하나님의 말씀을 배우려는 의지를 품게 하신다.

즉, 말씀을 사모하게 하시는 것이다. 무엇인가 알고 싶어 하는 마음, 배우고자 하는 의지를 지닌 학생들을 위하여 우리는 가르침에 대한 준비를 해야 한다.

주일학교에서 배움이 일어나도록 해 주어야 한다. 한마디로, 학생들은 배워야 한다. 그리고 그들의 배움을 위하여 교사들은 가르쳐야 한다. 가르치되, 반드시 하나님의 말씀을 가르쳐야 한다.

교사가 가르친다고 하는 것은 학생이 배운다는 사실과 같다. 학습지도이론에 따르면 가르치는 것과 배우는 것은 상호작용에 의해 일어나는 것이다 즉, 가르침과 배움은 따로 떼어 놓을 수 없다.

가르치고 배우는 일은 분리가 아니라 동시성을 갖는다. 교사가 잘 가르쳤다는 것은 어린이들이 보다 풍부하게 학습했다는 사실과 일치한다.

교사와 학생은 교제를 통해서 교육목표를 달성하는데, 교사는 가르치는 일을 하고, 학생은 배우는 일을 통해 교재의 내용을 학습한다. 즉, 교재가 목적하는 방향으로 나아갈 수 있게 되는 것이다.

훌륭한 교수는 효과적인 학습이라는 개념과 동일하다. 여기에서 우리는 교사의 역할이 얼마나 중요한가를 확인하게 된다. 왜냐하면 교사가 가르치는 내용에 따라 학습이 이루어지기 때문이다. 학습자는 교사의 교수 이상 도달할 수 없으며 그 이하도 아닌 것이다. 불성실하게 가르치면서 아이들이 훌륭하게 배워주기를 기대한다는 것은 실로 어리석기 그지없는 일이다.

우리는 교수와 학습의 관계를 하나의 도식으로 구성해 봄으로써 보다 분명히 개념을 이해할 수 있다.

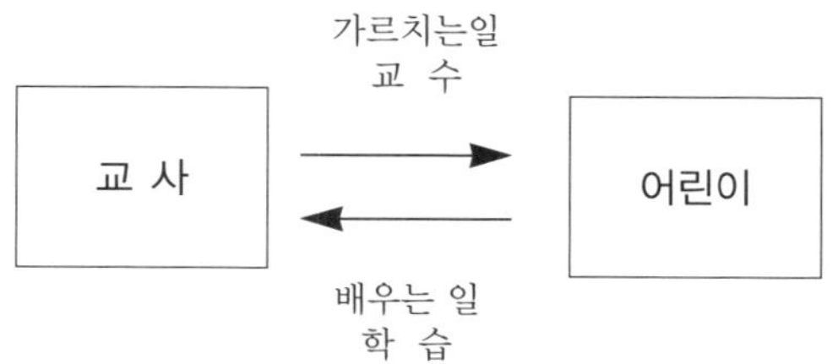

1) 목적 중심의 교수-학습

전통적으로 교수-학습은 교사 주도형의 형태를 지녀왔다. 이것은 목적중심의 교수-학습이기도 한데 내용중심, 목표중심, 교사중심의 형태로서 주입식 방법의 교수-학습인 것이다.

교사 주도형의 교수–학습은 본질주의 교육철학에 근거를 두고 있다. 본질이라고 여겨지는 원천적인 진리를 교육의 내용으로 삼고 있는 것이다. 그 까닭에 본질주의 교육의 핵심은 내용중심이 될 수 밖에 없다. 따라서 교사 주도형의 교수–학습은 교사에 의하여 가르치고자 하는 내용이 잘 전달되었는가 에만 관심을 두고 있다.

목적중심의 교수–학습이 지니고 있는 특성은 이렇다.

① 학습의 내용과 자료를 절대시한다.

② 목표성취에 역점을 두고 있다. 곧 교수–학습은 목표성취를 위한 수단에 불과하다.

③ 교사중심의 학습지도로 일방통행이다. 어린이(학습자)는 교수–학습에 전혀 고려되지 않는다.

④ 학습지도는 강의식, 곧 주입식 방법이다. 교사의 전달에만 의존한다.

교사 주도형의 교수–학습은, 교사에 의하여 결정되며 이끌어 가는 수업형태로서 교사가 교재의 내용을 주입해 주는 강의식 교수법이다. 여기에 학습하는 어린이들은 피동적일 수밖에 없게 된다. 오늘날, 우리들의 주일학교에서 많이 사용되고 있는 교수–학습의 형태가 바로 이 유형이다.

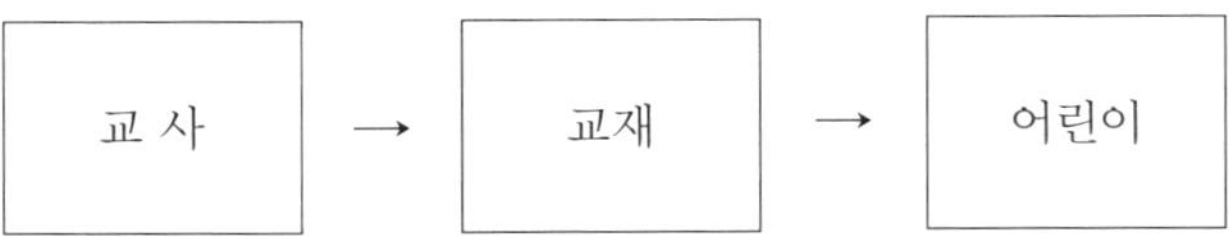

2) 과정 중심의 교수-학습

학생(어린이)을 학습에 능동적으로 참여시키고 학생이 학습의 주체가 되어야 한다는 이론에서 과정을 중요시한 교수-학습의 형태가 제시되었다. 이것은 교사주도형의 형태와 상반된 이론으로 삶의 중심 및 학습자를 중시하고 경험에 가치를 둔 교수-학습이며 진보적인 형태라고 볼 수 있다.

과정을 중요시하는 교수-학습은 진보주의 교육 철학에 근거를 두고 있다. 역사와 세계 자체가 점진적으로 진화하는 진전의 과정이라고 보는 까닭에 교육을 진화론적인 입장에서 분석하고 있다. 즉, 교육이란 사람이 사회적 환경에 바르게 적응하는 방법을 연습해 나가는 과정을 말하는 것이다. 이것을 교육체계에 이론화한 사람이 존 듀이였다. 그에 따르면 "한 자아의 성장과 발전은 자신 안에서 이루어지는 자율적인 행위가 아니고, 자아와 사회 사이에 상호작용에 의해 이루어진다"는 것이었다.

이를 종합해 볼 때, 과정을 중시하는 교수-학습은 사람과 세계, 자아와 사회 사이의 상호작용에서 참 교육이 이루어진다고 보는 이론이다. 과정 중심의 교수-학습이 지니고 있는 특성은 이렇다.

① 어린아이의 삶(학습자의 삶) 그 자체를 중요시하고 있으며, 교육의 내용으로 다룬다.

② 학습자를 교수-학습의 주체로 여기고 있다. 학습하는 사람 중심의 교육행위를 강조하고, 교사는 학습자의 학습을 돕는 역할을 한다.

③ 경험을 중요하게 취급하다. 어린이가 경험을 통해서 학습할 수 있도록 하며, 학습자의 경험에 초점을 두어서 교수-학습이 행해지도록 하는 것이다.

과정중심의 교수-학습은 두 가지 양식을 취한다.

하나는, 교사와 어린이의 부딪침-상호작용이라고 일컬을 수 있다. 여기에는 정해진 교재가 필요 없다. 교사와 어린이가 교재인 것이다. 또 하나의 형태는 인격적인 관계구조에서 비롯되는 교수-학습이다. 교사는 학습자의 위치에서 교재를 마련한다. 그리고 교사와 학습자가 교재에 대한 반응을 나타낸다.

이와 같은 형태의 교수-학습은 교사와 어린이를 역동성이 있는 관계로 묶어준다.

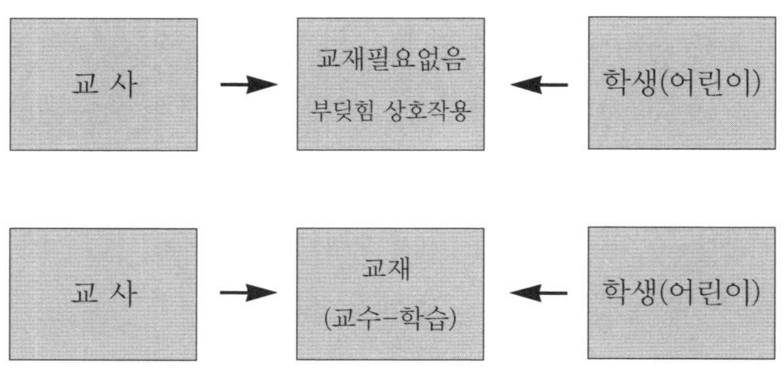

3) 만남을 지향하는 교수-학습

이제, 우리는 세 번째가 되는 교수-학습의 형태에 대하여 생각할 차례가 되었다. 이 형태는 기독교 교육이 일어나는 학습현장의 교수-학습형태라고 할 수 있겠다. 주일학교에서 가르치는 내용은 하나님이다. 성경을 가르치고 배울 때 하나님께서는 교재를 통해서 교사와 어린이에게 말씀하신다.

이것은 동시에 일어나는 작용이다. 이때, 교사와 어린이는 각각 하나님의 말씀에 응답하게 된다.

루이스 쉐릴은 이를 하나님과 사람의 수직적인 만남이라고 정의하였다. 이 형태는 주일학교에서 수용해야 하는 교육구조이다.

교수-학습의 장에서 우선 교사와 어린이가 하나님을 만나고(수직적 관계), 하나님과의 만남에서 응답을 하는 과정이 있게 되며(수평적 관계), 하나님이 곧 교육의 내용이 되는 교재로 학습을 받게 되는 것이다. 만남을 지향하는 교수-학습 형태의 특성은 이렇다.

① 목적중심이 지식 우선이고, 과정중심이 삶을 우선한다면 만남을 지향하는 교수-학습은 지식 및 삶을 중요시한다.

② 교사와 어린이 사이에 새로운 관계구조와 역할을 의미한다. 이 관계는 하나님을 중심해서 비롯한다.

③ 역동적으로 교수-학습을 진행한다. 역학은 교육에 응용되는 효과적인 방법-기술이다. 역동적인 교수-학습은 학습의 장을 능동적으로 만든다.

하나님께서 교사와 학생들을 만나 주시고, 또한 교사와 어린이는 이 만남에서 하나님께 응답을 하며, 이 과정에서 교사와 어린이의 새로운 관계구조가 형성되고, 나아가 교사와 어린이가 교재를 만나고, 교재가 요구하는 사항에 응답하는 만남을 지향하는 교수-학습이 주일학교 교육현장에서 이루어져야 한다.

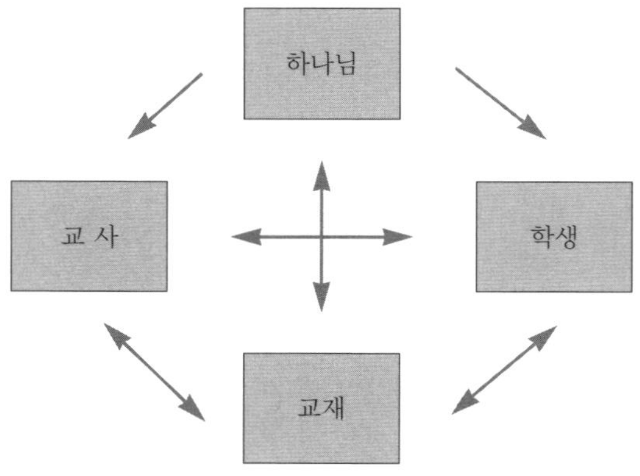

4. 교사와 위임-학생들의 삶을 변화시켜라

주일학교 교장으로부터 교사 임명장이 수여된다. 교사는 이 임명장에 권위를 두고서 가르치는 일을 한다. 누구나 주일학교 교사 임명장을 받고 아이들을 가르치게 되는데, 교사는 하나님께서 이 위임장을 주셨다는 사실을 기억하고 있어야 한다.

우리가 받은 위임장은 매우 간결한 문체로 작성되어 있다. 이보다 더 세련되게 작성된 임명장이 또 어디에 있겠는가?

아주 짧은 문장, 스물 하나의 음절밖에 필요로 하지 않으면서도 교사의 일이 정확하게 명시되어 있다.

"그러므로 너희는 가서 모든 족속으로 제자를 삼아 아버지와 아들과 성령의 이름으로 세례를 주고 내가 너희에게 분부한 모든 것을 가르쳐 지키게 하라."

– 가서 – 제자를 삼아 – 가르쳐 지키게 하라

이 임명장에는 '가서 가르치라' 고 되어 있다. 교사의 일은 가르치는 것이다. 가르치되 지키도록 해야 한다. 다시 말해서 모든 것을 지키도록 해야 한다는 것이다.

우리는 어린이들에게 지키도록 가르치기 위해서 예수님을 본받아야 할 것이다. 그리스도, 그는 가르치는데 그치지 않았다. 그에게는 단순한 지식의 전달이 교수의 목적이 되지 않았던 것이다.

예수님에게 가르침을 받은 사람들은 말씀을 듣고 난 다음에 행동이 달라졌다. 그들은 배운 데로 변화된 삶을 살았던 것이다.

교사는 어린이(학습자)의 삶을 변화시키는 것을 목적하는 사역자다. 사람을 변화시킨다는 것은 참으로 거룩한 일이다. 어린이의 생각을 변화시키고, 달라진 행위의 삶을 살도록 하며, 진리의 사람으로 이끄는 일이 바로 우리들에게 맡겨진 것이다. 이 거룩한 사역을 위해 하나님께서 교사에게 위임장을 주셨다.

그러므로 교사된 우리들은 교수-학습의 장을 통해서 위임받은 지상과제를 완수해야 한다는 각오를 새롭게 해야 하겠다. 그리고 성실히 자기 직무를 감당하는 충성하는 종이 되어야 할 것이다.

가르친다는 것은 무엇인가? 이 물음은 교육의 의미를 찾는 작업이다. 교사는 자신이 어린이를 가르친다고 할 때 적어도 가르침의 뜻을 분명히 이해하고 있어야 한다. 가르친다는 것은 여러 각도에서 해석되어진다. 모르는 사실을 알게 해주는 일도 가르치는 일이요, 그릇된 상태를 바로잡아 주는 것 역시 가르침이다. 뿐만 아니라 계몽적인 것도 가르침에 포함된다.

학생들이 주일학교에 출석하면서 예수님을 개인적으로 안다고 고백하는 것이 불신자와 다른 삶을 살게 하는 요소인가? 우리가 그들을 대상으로 설문조사한다 하여도 거기에 대한 대답은 '반드시 그렇지 않다' 라고 나올 것이다. 확실한 것은 이 조사에서 그리스도인과 비그리스도인의 도덕적(혹은 비도덕적) 행위에는 근소한 차이가 있음을 지적할 수 있다는 사실이다.

왜 그런가? 학생들은 알고 있는 지식과 행위가 다르기 때문이다. 그들은 성경의 교훈은 알지만 그 영원한 진리를 자신의 삶 속에서 매일 일어나는 일과 연관시키는 방법을 모른다. 우리는 학생들을 섬기는 사역자로서, 이 문제에 대해 무엇을 할 수 있는가?

주일학교에서 교사의 우선적인 사역은 아이들을 가르쳐서 지키도록 하는 일이다. 우리는 여기에 교수-학습의 목표를 두어야 한다. 우리가 가르치는 것과 지키게 할 것은 무엇인가? 다시 말하면, 교수와 학습의 목적과 목표가 무엇인지 규명해야 한다는 것이다.

교회교육에서는 많은 과정들이 있고 다양한 방법들이 소개되어 있으나 목적은 오직 하나다. 교회교육의 목적은 구원이 아닌 성화(Gloryfication)다.

우리가 교회학교에서 교육목적을 구원에 두고자 할 때, 성화의 결핍이 일어나고, 신앙과 생활이 유리되며 주일에만 교회에 나오는 거룩한 Sunday-Christian이 양산되는 결과를 초래한다.

교회교육의 목표는 여러 가지가 있을 수 있다. 그러나 궁극적으로는 성화를 이루기 위한 방안이거나 과정이어야 한다. 이것은 개인에게도 그렇고 교회공동체의 경우에도 같다.

교사들이 할 수 있는 가장 중요한 일은 성령께서 학생들을 가르쳐 주시기를 기도하는 것이다. 그들이 그들 속에서 역사하시는 성령께 민감해질 때 그들은 점진적으로 하나님의 말씀을 그들 자신의 일부분으로 만들어 갈 것이다. 이어서, 우리의 가르침 속에서 살아있는 삶의 예를 들려주는 것이다.

예를 들어, '성도들의 필요를 채워 주시는 하나님'에 대해서 공부한다고 하자. 우리는 한 몸 된 교회 안에서 특별한 기도의 응답을 받은 사람의 실례를 그 배움으로 끌어당길 수 있다. 또한, 그들의 삶의 현장에서 예를 이끌고 오는 것이다. 그것은 그들의 음악, 학교생활, 문제와 기쁨의 근원인 젊은이들의 문화 속으로 파고 들어가야 하는 것을 의미한다. 우리는 이렇게 함으로써 성경이 그들의 선택을 어떻게 판단하는지를 가르칠 수 있다.

객관적인 중심에서, 우리는 사랑으로 이 일을 해야 함을 명심해야 한다. 그러나 삶의 변화를 추구하는 교사의 관점이, 하나님의 진리보다 교사 자신의 개인적인 견해를 드러내는 것이 되지 않도록 주의해야 한다.

학생들이 배운 진리를 삶에 적용하도록 이끄는 구체적인 방법은, 학생들로 하여금 생각하게끔 만드는 것이다.

예를 들어, 좋은 사례 연구는 성경지식을 생생한 삶의 현장으로 옮겨 놓도록 학생들을 도와준다. 이것은 성경의 원리를 그들 자신의 문제에 적용하는 훈련이 된다.

삶의 변화에 도전할 수 있도록 하는 최고의 방법은 학생들이 스스로 영적인 해결책을 발견하도록 씨름하게 하는 가르침이다. 이것은 어떤 경우에, 그들이 행할 바를 말해 주지 않고 그들 스스로 하나님과 그의 말씀 앞에 나아가 해답을 찾아내게 하는 것을 의미한다. 그것은 교사가 학생들을 인도하지 말라는 것이 아니다. 그들이 진리의 말씀을 붙잡고, 교사보다 하나님을 의지하도록 도우라는 것이다.

만약, 한 학생이 교사를 찾아와서, "선생님, 제 친구가 숙제한 것을 빌려 달라고 하는데 어떻게 할까요?" 라고 묻는다면 뭐라고 해야 할까? '빌려 주지 말라' 라고 해야 하는가? 그렇지 않으면,' 빌려 주라고 해야 하는가?

그것이 아니다. 빌려 주는 문제를 가지고 하나님께로 나아가도록 해야 한다. 가령, '그 문제에 대해 성경은 뭐라고 가르치는지' 를 생각하게 해야 한다는 것이다. 또는 그에게 합당한 성경 말씀을 주어야 한다. 그래서 학생들이 교사를 의지하는 대신에, 반드시 주님께 나아가 주님의 명령을 따르도록 해야 한다. 여기에서 그들은 삶의 변화를 경험하게 된다.

우리는 이제, 로우젤이 정리한 것에 따라 가르침의 정의를 내려 보았으면 한다. 그는 가르침의 의미에 대하여 다음과 같이 간결하게 정리해 주었다.

① **말해주는 것이다.** 또는 알려 준다, 설명해 준다는 낱말로도 표현할 수 있다. 알도록 말해 주는 일이야말로 가르치는 것이다.

② **지도하는 것이다.** 곧 이끌어 주는 일로서 인도라고 표현해도 좋다. 지도는 늘 가르침의 중심부에 놓여있다. 그것은 지도하는 일의 요청으로 가르치는 행위가 있게 되기 때문이다.

③ **나누는 것이다.** 교사가 알고 있는 지식을 학생들에게 나누어 주는 일을 가리킨다. 교사는 선험에 의해 깨닫고 획득한 진리를 학습자인 그들과 나눈다. 교사와 학습자의 관계는 나눔의 사이라고 볼 수 있는 것이다.

④ **학생(학습자)의 반응이다.** 교사가 교재의 내용이나 어떤 지식으로 학생들을 자극하는데서 학습자의 반응이 나타나는 것을 가르침이라고 한다. 그들은 배울 때 반응이 일어난다.

⑤ **변화시키는 일이다.** 가르쳤다고 하는 사실은 그만큼 달라졌다는 것을 나타낸다. 만일 학습자가 학습하기 이전에 비해 조금도 변화가 없다면 그것은 아무 것도 가르친 것이 없는 것이다. 가르침을 받으면 달라지게 마련이다. 생각이 달라지고 행동이 바뀌기도 하는 것이다.

⑥ **발견하도록 한다.** 아이들은 교수-학습의 시간에 스스로 진리를 발견하다. 또한 교사는 가르침을 통해서 학습자들이 스스로 진리를 찾아낼 수 있도록 이끌어 주어야 하는 것이다. 학습자는 발견함으로써 배우게 된다.

⑦ **경험을 풍부하게 만들어 준다.** 실제로 학생들은 그의 경험을 통해서 새로운 지식을 습득한다. 교사는 풍부하고도 다각적인 경험을 제공하여, 그 속에서 진리와 부딪히도록 학급을 이끈다. 경험 이상의 교사는 없다.

이밖에도, 로우젤은 영감, 세우는 일, 자라게 하는 일을 가르침의 의미로 정리하였다. 그는 덧붙여서 모범을 보이는 것도 가르치는 일이라고 요약하고 있다.

우리가 주일학교 교사의 가르치는 일을 한마디로 요약한다면 이렇다. "성경을 가르치고 그 성경의 진리가 배우는 학생들에게서 살아 활용될 수 있도록 하는 성령의 도우심을 기도하고, 학생들을 지도하며, 돕고, 용기를 북돋아 주는 일에 있어서 자기 자신이 성령에 의해 사용될 수 있도록 자신을 허락하는 것이다."

학생들이 하나님의 형상을 닮아가도록 하는 일이 교사의 최고 목표이며, 교사의 가르치는 일에 대한 목적이다.

02_Steps

공과공부의 목적과 수업 설계하기

1. 성경과 교육

교회는 성경을 가르쳐야 한다. 교회가 성경을 가르치지 않기 때문에. 설교 혹은 다른 수단을 통해서 선포되는 말씀을 들으면서도 그것을 하나님의 말씀으로 듣지 못한다. 사실, 교회만큼 성경을 말하는 곳은 없다.

주일학교에서의 주일 일과만 보더라도 아이들은 성경을 두 번씩이나 듣는다. 예배에 의한 설교를 통해서, 공과지도에 의한 학습을 통해서 성경을 대한다. 그런데도 그들은 성경을 모른다. 성경으로 말씀하시는 하나님의 음성을 들어 본 경험이 없는 이유에서다. 그렇기 때문에 학생들이 성경공부에 마음을 기울이지 않고 있다.

왜, 주일학교에 출석하는 그들의 가슴이 냉랭한가? 예배를 마치고 분반시간이 되었는데도, 왜 성경책을 펼치는데 적극적이지 못한가? 한마디로 성경이 가르쳐지고 있지 않기 때문이다.

대부분의 학생들이 성경을 공부할 때, 그들은 성경에 나타난 사건이나 의미들을 먼 옛날의 일로만 여기고 있다. 그들은 성경 속의 사건들을 자기들의 경험으로 이끌어 들이지 못하고 있는 것이다. 이것은 설교를 듣고, 성경을 공부하는 어른들에게 있어서도 마찬가지다. 하나님의 말씀과 성경의 사건들이 주는 의미를 그들의 삶에 연결 짓지 못하고 있다. 이렇게 되자, 바로 성경을 무시하는 일이 되어버리고 있는 것이다.

사도 베드로가 설교할 때, 그의 설교를 듣던 이들은 마음에 찔림을 받아 즉각적으로 말씀에 반응하였다. "형제들아 우리가 어찌할꼬"(행 2:27). 베뢰아 사람들은 어떻게 하였는가? 누가는 베뢰아 사람들의 성경에 대한 태도를 이렇게 기록하였다.

"베뢰야 사람은 데살로니가에 있는 사람보다 더 신사적이어서 간절한 마음으로 말씀을 받고 이것이 그러한가 하여 날마다 성경을 상고하므로"(행 17: 11, 12 상반절)

오늘날 아이들이 성경을 먼 옛날의 이야기로만 듣고 있는 데는 전적으로 교사의 책임이 크다고 로이스 르바(Lois E. Lebar)는 지적하였다. 그녀는 많은 교사들이 성경을 성경 자체로 가르치지 않고 공과교재라는 틀에 맞추어서 가르치고 있다는 지적을 하였다. 다시 말해서, 하나님의 말씀이 가르쳐지고 있는 것이 아니라 교재를 통해서 부분적으로 성경이 가르쳐지고 있다는 지적이다. 그 결과, 교사나 아이들은 충분히 하나님의 말씀을 다루지 못한 채 교재 위에서, 교재 안에서, 교재를 통해서 성경이 가르쳐지고 학습되어 질 뿐이다. 주일학교에서는 성경을 가르쳐야 하고, 아이들은 성경을 학습해야 하는 이유에 대해 르바는 이렇게 적었다. "하나님께서 아이들에게 요구하시는 것에 순종하도록 교육해야 하기 때문이다.”

계속해서 그녀의 권면을 듣자.

“오늘날 사람들이 필요로 하는 것과 성경 안에서 그 해답을 찾아 연결시켜 주는 것은 우리의 책임이다. 만일 우리가 문제에 대한 해답을 준다는 태도를 취하다면 사람들은 그들이 알지 못하는 문제들을 깨달으려고 능동적으로 귀를 기울일 것이다.”

파일랜드(H. M. Piland)는 우리가 성경을 교수-학습해야 하는 목적에 대하여, 그의 훌륭한 책인 ‘교회학교 기본사역’(유경애 옮김)에서 간결하게 진술하고 있다. 여기에 그대로 옮겨본다.

① 성경 속의 하나님을 알아야 한다.
② 구원에 대한 단단한 기초를 닦아야 한다.
③ 성경 속의 그리스도를 알고 학습자들이 준비가 되었을 때 그분을 구주로 영접해야 한다.
④ 높은 이상에 일생을 투자해야 한다.
⑤ 사랑을 배우고 경험해야 한다.
⑥ 자신들의 삶이 닮아가기를 원하는 장년 모델에게서 배워야 한다.
⑦ 성경이 사람들에게 주시는 하나님의 말씀임을 알아야 한다.
⑧ 하나님께서 아이들에게 성경을 가르치라고 명령하셨음을 알아야 한다.

성경을 공부해야 하는 아이들의 위치에서 성경공부의 기본원칙이 제시된 것이라고 할 수 있는 파일랜드의 견해는 우리를 새롭게 한다.

사실, 우리들은 성경을 가르칠 때, 학습하는 학생들의 위치에서보다는 가르치는 교사의 위치에서 공과공부를 다루었다. 우리는 ‘학생들이 성경을 배워야 하기 때문에 교수해야 한다’는 생각을 갖고 공과학습을 준비해야 한다.

2. 사람의 성장에 초점을 둔 성경 교수의 목적

교사가 아이들에게 성경을 가르칠 때, 어디에 목적을 두어야 할 것인가에 대하여 이용신은 이렇게 요약하였다.

① 경험에 대한 지도

학생들의 경험을 지도하기 위하여 그들의 경험을 기독교적인 가치관으로 분석, 해명하도록 하고 그들의 경험이 기독교적인 의미를 갖도록 지도해야 한다.

② 이상의 수립

학생들이 기독교 가르침에 따른 높은 이상을 지니도록 지도해야 한다. 예수님의 이상을 체득하여 자신의 인격형성에 기초가 되게 지도해야 한다.

③ 태도의 작성

기독교 가르침의 인격을 지니고서 늘 하나님 앞에서 있는 자세를 갖도록 지도해야 한다. 그래서 선을 사랑하고 악을 미워하며, 불의(죄)를 두려워하고, 허위(거짓)를 버리며, 겸손해 하고, 진리를 추구하도록 지도해야 하는 것이다.

④ 생활의 개선

날마다 자신의 생활을 성경의 가르침에 비추어서 고쳐나가는 삶이 되도록 지도해야 한다. 자신의 허물을 돌아보지 않는 것은 그리스도인의 자세가 아닌 것이다.

⑤ 기독교적 인격의 완성

그리스도의 사람으로 온전케 하는 것인 바, 예수님을 닮도록 지도해야 한다. 기독교적 인격의 완성은 성경교수의 최종 목적이다.

르바는 교회가 성경을 가르쳐야 하는 목적을 사람 자신에게 초점을 두어 풀이했는데, 이는 매우 주목할 만한 견해다. 그는 성도가 왜 성경을 연구해야 하는지를 명쾌하게 설명하였다. 그는 그리스도인의 삶은 하나님의 말씀을 연구하는 데서 출발해야 한다고 전제하면서 다음과 같이 말하였다.

"우리는 우리 자신의 영적 계발을 위하여, 죄씻음을 위하여, 우주의 본질을 통찰하기 위하여, 인간의 본질을 깨닫고자, 일상생활에서 일어나는 복잡한 문제를 이해하기 위하여, 또한 다른 사람들에게 증거하기 위하여 하나님의 말씀을 배워야 한다."

교사들은 공과교재에 맞추어 단순히 성경진리를 설명해서는 안 된다. 그들은 학생들이 그리스도 안에서 말씀을 이해하고, 그 말씀 속에 들어 있는 진리에 반응하면서 성장하도록 성경을 가르쳐야 한다.

우리가 지금 그들에게 성경을 가르치는 목적이 바로 여기게 있다. 그들이 진리에 순종하면서 성숙된 그리스도인으로 자라는 것을 도와주어야 한다. 이를 위하여 우리는 지금까지 가르쳐왔고 앞으로도 가르쳐야 한다.

3. 예수님의 교수 목적

예수님께서는 어떤 목적 아래 가르치는 사역을 하셨는가? 제임스 스마트(James D. Smart)는 '교회의 교육적 사명'(장윤철 옮김)에서 말하기를, "첫째는 복음을 친밀한 개인적인 관계에서 전하려는 것이었다. 둘째는 제자들에게 좀 더 복음과 진리를 충분하게 가르치시고자 하셨다. 셋째는 제자들을 훈련시켜 복음을 더 힘있고, 더 넓게 전하시기 위함이었다."라고 하였다.

스마트에 따르면 예수님께서 가르치는 사역을 하신 근본적인 이유가, 제자를 삼아, 그들로 하여금 복음을 전하게 하시려는 것이었던 것이다. 한편, 프라이스(J. M. Price)도 예수님의 교수 목적을 간결하게 묘사했는데, 그의 견해는 오늘의 주일학교 활동에 근접되어 있다고 보여진다.

프라이스가 제시한 예수님의 교육 목적에 대하여 간략하게 살펴보자.

① 올바른 이념의 형성
온전한 사람이 되도록 하시고자 함이었다 ="하늘에 계신 너희 아버지의 온전하심과 같이 너희도 온전하라"(마 5:48)

② 강한 신념의 소유
진리를 심어 주시면서 신념이 깊은 사람이 되게 하시려는 것이었다. 그래서 그는 자주 제자나 사람들에게 물었다="너희 생각에는 어떻겠느뇨"(마 18:12)

③ 하나님과의 관계회복
그의 사역이 지닌 주요한 임무는 사람들을 하나님께로 인도하는 것이었다. 즉, 하나님과의 관계가 우선되는 삶이 되도록 하려는 것이었다.="너희는 먼저 그의 나라와 그의 의를 구하라"(마 6:33 상반절)

④ 이웃 사람들과의 관계지움
사람들 상호간에 올바른 관계를 지니도록 하시었다 ="네 이웃을 네 몸과 같이 사랑하라"(마 22:39)

⑤ 사람들의 문제해결에 최우선
사람들의 행복에 관심을 갖고 생활문제의 해결에 힘을 쏟으셨다.

⑥ 성숙한 성장
온전한 인격 성장에 깊은 관심을 지니셨던 것이었다 ="모든 선한 일에 열매를 맺게 하시며, 하나님을 아는 것에 자라게 하시고'(골 1:10)

⑦ 봉사를 위한 훈련
그의 제자들로 하여금 온 세상에 두루 다니면서 복음을 전하고, 가르치는 일을 수행할 수 있도록 하시려는 것이었다. ="그러므로 너희는 가서 모든 족속으로 제자를 삼아 아버지와 아들과 성령의 이름으로 세례를 주고 내가 너희에게 분부한 모든 것을 가르쳐지키게 하라"(마 28:19,20 상반절)

이상에서 살핀 대로 프라이스도 스마트와 같이 예수님의 교수 목적을 잘 설명해 주고 있다. 그런데 어딘가 인문주의적인 인상을 받게 하는 까닭이 있는데, 왜 그럴까? 예수님의 가르치시는 사역 밑바닥에 흐르고 있는 인간의 영혼을 구원하는 문제가 스마트나 프라이스의 설명에는 빠져 있다는 것을 우리는 쉽게 발견할 수 있다.

그렇다. 이들 두 사람은 예수님의 사역에서 그의 교수목적을 잘 발견하였지만 구속의 문제는 놓치고 만 것이다. 그래서 천정웅은 스마트나 프라이스 그리고 혼, 스키이스 등의 견해와 성경의 공관복음서를 바탕으로 예수님의 교수 목적을 추출해 내었다.

천정웅은 예수님의 교수에 대한 목적을 논하면서 보수주의 기독교 교육학자인 이비의 견해를 많이 인용하였다. 필자가 여기에서, 필자의 둔한 필치로 예수님의 교수 목적을 논하는 것이 경솔한 짓에 그칠 것 같아, 천정웅이 규명하고 있는 것을 소개하는 것으로 가름하고자 한다.

① 구속의 목적

인간의 구원을 위한 말씀의 선포였으며 가르침이었다.

② 인격의 성장

사람들이 그들의 약함과 및 악습을 극복하고 강하고 완전한 그리스도인으로 성장케 하는 것이었다.

③ 생활문제의 해결

예수님께서는 사람들을 괴롭히는 그들 자신의 내적인 문제를 염두에 두고, 그 문제들을 해결해 주시며, 행복한 삶을 살게 하기 위해 애쓰셨다.

④ 육체적인 안녕

사람들의 육체적인 질병으로부터 그들을 구원해 주셨으며 물질에 대한 염려로부터 자유를 얻도록 힘쓰셨다.

⑤ 다른 사람들에게 복음을 전하시기 위함

제자들을 특별히 가르치심으로써, 그들이 복음을 세상에 널리 전하도록 하셨다. 그래서 12명에서 시작된 제자훈련이 70명에게까지 이르렀다.

예수님께서는 이 땅에서 사역하시는 동안에 특별히 가르치시는 일에 열정을 쏟으셨는데, 그는 이상의 다섯 가지 목적을 가지고 이 일을 하셨다. 지금까지 우리는 예수님의 교수 목적에 대하여 살폈다. 하나하나 항목별로 살피는 과정에서 당신의 마음에 도전을 주는 내용이 있었는가? 있었다면 그것은 이제 당신의 것이다. 예컨대, 그것이 당신의 교수 목적이 되어야 한다는 이야기이다.

4. 교수의 목적과 단위학습의 목표

단위학습의 목표는 곧 교사용 공과교재에 제시되어 있는 학습의 목표를 일컫는다. 즉 그것은 다음과 같은 내용들이다.

① **학습주제 : 하나님께서 부르신 사람**
학습과제 : 창세기 11:27~12:9
학습목표 : 우리의 믿음을 아브람의 믿음과 비교하고 하나님께 순종으로 응답하게 한다.

② **학습주제 : 믿는 사람의 큰 승리**
학습과제 : 로마서 8:26~39
학습목표 : 완전한 신앙은 모든 것을 하나님께 맡겨버리는 것을 뜻한다. 이런 신앙의 세계에 들어가면 하나님의 절대적인 사랑과 은총을 받게 되며 영광의 승리가 약속되어 있음을 힘주어 가르치자.

③ **학습주제 : 왕으로 택함 받은 다윗**
학습과제 : 사무엘상16:1~13
학습목표: 다윗이 왕으로 선택됨을 가르친다. 하나니은 사람을 외모로 보지 않고 중심을 보심을 알게 한다. 하나님의 뜻대로 살도록 결심케 한다.

대표적인 공과교재에서 학습목표를 진술한 내용에 대하여 뽑아 보았다. 밑줄을 친 부분이 단위학습의 내용에 대하여 학습해야 하는 목표다. 교사는 공과를 가르치면서 아이들과 함께 학습목표에 도달하도록 해야 하며, 이것은 교수 목적을 수행하는 것이 되어야 하는 것이다. 그러므로 교사는 단위학습의 학습목표가 기독교 교육의 교수목적들 가운데 어느 부분에 속하는가를 확인해야 한다. 그래서 성경공부의 교수목적이 단위학습을 통해 달성되어야 하며, 이를 위해서 교수가 전개되어야 한다.

여기에서, 교사는 학습과제인 성경본문의 학습의미와 공과교재의 집필자가 밝힌 교수–학습의 목표를 비교해야 한다. 이 비교를 통해서 교사는 단위학습을 토대로 한 해당 학습의 교수목적을 세워야 한다. 단위학습에서 세워지는 교수목적은 학습의 목표에 도달할 때, 성취되는 것이다. 학습의 목표를 임영택은 이렇게 표현하였다.

"교수목적인 정해진 개념이나 주제를 클래스 룸에서 성취하고자 하는 교사의 의도이다."

"공과교재에 학습목표가 제시된 이상, 교사가 교수–학습과정에서 학습목표를 염두에 두고 가르치면 그만 아닌가?"

교사들 가운데 어떤 이는 이와 같은 질문을 할지도 모르겠다. 그러나 우리는 한 시간의 학습에서 목표에의 도달을 위해 교수목적을 세워야 한다. 다음에 인용하는 내용은 교수목적과 단위학습의 관계를 명쾌하게 설명해 준다.

"교수목적은 실제 교수–학습 진행에서 나타난 방향을 제시하여 도입, 내용전개, 정리, 평가를 연결시킨다. 따라서 목적의 설정은 자료의 수집, 방법선택, 학생들의 참여와 활동을 이끌어 가는 요소이며 교수-학습 진행 후의 평가의 기준도 목적에 의해서 행하여진다."

그러면, 어떻게 목적을 세워야 할까? 성경공부의 과정이 '말씀을 알고, 말씀 속에 있는 진리를 깨달으며 진리에 응답(반응)하는' 세 구조를 갖고 있듯이, 교수목적도 앎과 깨달음과 반응에 의한 순종(행함)으로 작성되어야 한다. 즉 '~을 알도록 하며, ~을 깨달아, ~행하도록 한다'는 형식으로 한다.

이와 같은 교수-학습의 목적은 분명하게 작성되어야 한다. 성경의 짧은 한 구절처럼 한 번의 호흡으로 말해질 수 있게, 간결하면서도 구체적으로 진술되는 것이 좋다. 이것은 목적의 명확성을 의미하며, 학들에게 내적 동기를 일으키도록 하는데 있어서 강한 작용을 하게 된다.

5. 단위학습과 설계

교사는 학습을 하러오는 학생들을 위하여 공과학습의 시간을 마련하되, 식탁의 메뉴를 짜는 주부처럼 '무엇을 어떻게 가르칠 것인가'의 설계를 해야 한다. 이 설계는 다른 말로 '수업계획'이라고도 할 수 있다. 교사들 가운데는 성경의 내용을 충실하게 가르치면 그것이 바로 만점 수업이라는 생각에 따라 설계의 필요성을 이식하지 않는 이들도 잇다. 실제로, 우리 주일학교의 교육현장을 살피면, 성경학습을 위한 계획이 합리적인 -수업의 과정에서- 근거도 없이 교사의 직관에 따라서 나름대로 이루어져 왔다. '학습'이라고 하기보다는 교사 자신이 공과의 주제가 되는 성경본문을 어떤 요청을 받아 그것을 강조해 오는 정도였다.

여기에서는 교사주도형으로 메시지의 전달에 무게를 더해온 것이 사실이다. 그래서 종종 공과를 진행하는 교사 자신이 '학습지도를 하는 것인지 설교를 하는 것인지' 모르는 혼란만 초래하였다.

사실, 이제까지의 주일학교 공과교실은 교사가 일방적으로 학습해야 할 내용을 쏟아 붓는 것에 지나지 않았다. 성경학습을 진행하는 교수-학습에는 그 절차 및 요소에 있어서 여러 가지가 복합적으로 얽혀 있다. 따라서 이들 교수-학습의 요소와 교사와 교재 그리고 학습자의 상관관계에서 발생하는 내용들이 고려되어 효과적인 수업이 전개되어야 한다.

그러므로 한 시간의 단위학습을 위한 교수-학습의 설계는 바로 이와 같은 까닭에서 중요한 위치를 차지한다. 교사는 성경공부의 목적을 달성하고, 예정된 수업활동의 효과적인 운영을 위해서 학습 프로그램을 계획하고 준비해야 한다. 학습을 통해서 기대하는 만큼의 교육효과를 거두는 결과를 낳기 위해서 설계된 교수-학습이 되어야 하는 것이다.

1) 교수-학습의 설계와 학습주제

단위학습의 수업을 위하여 교수-학습을 설계할 때, 교사가 고려해야 할 조건들은 무엇인가? 교수-학습은 학습과제에 대한 여행이라고 할 수도 있다. 여행하는 사람이 처음으로 가보는 지역에 들어서면 무엇부터 할까?

마땅히, 사전에 입수한 지도(관내도)를 보면서, 실제로 난 길과 주변의 모습들을 관찰하고 확인할 것이다. 다시 말해서 자신이 여행하고자 하는 지역과 그곳으로 가기 위해서 통과해야 할 지역들을 확인하는 것이다.

여행자가 여행지를 확인하듯이 교사는 교수-학습이라는 여행을 위해 학습할 내용의 주제와 학습목표를 확인해야 한다. 교육상의 용어로 이를 학습문제의 규명이라고 한다. 한마디로, 이것은 '무엇이 학습되어야 하는가' 를 알아내는 일이다.

교사들 가운데는 학습목표를 소홀히 취급하는 이들이 많다. 우리가 교수-학습을 하는 것은 성경공부이지 성경이야기를 하는 것이 아니다. 쉬운 말로 한다면, 주일학교의 성경공부는 학생들의 주의를 성경진리로 모아서 성경에 담겨있는 하나님의 진리를 발견하고, 발견되어진 진리를 그들의 삶에 적용해서 구체적인 순종으로 반응하도록 하는 작업이다.

하나의 예로, 사도행전 14:1~7의 성경 본문을 갖고 생각해 보자. 본문에 기록된 내용은 바울과 바나바가 소아시아에서 전도하던 중에 반대자들로부터 고난을 받은 사건이 다루어져 있다. 계속해서 그에게는 핍박이 이어져, 안디옥에서 쫓겨나고, 이고니온에서는 도망을 하지 않을 수 없었다. 그리고 루스드라에 이르러서는 돌에 맞는 등 힘겨운 상황에 처한 복음전도자의 길을 걸어가야 하였다. 본문을 '현대어 성경' 으로 같이 읽어 보자.

〈 바울과 바나바가 이고니온에서 전도하다 〉

14:1 바울과 바나바는 이고니온에서도 이전과 마찬가지로 유대 사람의 회당에 들어가서 말하였다. 그래서 수많은 유대 사람과 그리스 사람이 믿었다.

14:2 그러나 마음을 돌이키지 않은 유대 사람들은 이방 사람들을 선동해서 믿

는 사람들에게 나쁜 감정을 품게 하였다.

14:3 두 사도는 오랫동안 거기에 머물면서 주님을 의지하며 담대하게 말하였다. 주께서는 그들의 손으로 표적과 놀라운 일을 하게 하셔서 그들이 전하는 은혜의 말씀을 확증하여 주셨다.

14:4 그 성읍 사람들은 두 편으로 나뉘어서 더러는 유대 사람의 편을 들고 더러는 사도의 편을 들었다.

14:5 그런데 이방 사람들과 유대 사람들이 그들의 관원들과 합세해서 바울과 바나바를 학대하며 돌로 쳐 죽이려는 움직임을 보였다.

14:6 사도들은 그것을 알고 루가오니아 지방에 있는 두 성읍 루스드라와 더베와 그 근방으로 피하였다.

14:7 그들은 거기에서도 줄곧 복음을 전하였다.

2) 설계의 구체적인 의미

우리는 본문에서 바울이 견디기 어려운 처지에 몰리면서도 충성심을 잃지 않았다는 사실을 보게 된다. 그래서 이 본문을 통해 한 헌신한 복음전도자의 생애를 대하게 된다.

이 공과에서는 바울의 충성스러움을 통하여 학습자 자신들의 성찰이 학습의 목표가 되어야 한다.

그런데 우리가 바울의 충성만 강조하고, 위대한 종으로서의 바울을 가르치기에 그친다면 공과교수는 실패했다고 밖에 볼 수 없다. 바울이 바울되게 하신 하나님에 대하여 배울 수 없다면 성경 이야기를 아는 것에 지나지 않게 된다.

이어서, 바울의 충성을 통하여 '하나님께서는 그리스도인들에게 충성을 요구하신다는 성경진리를 발견해야 한다. 그리고 충성한 바울의 모습에 아이들이 자신을 비추어서 더욱 충성해야 하는 면들을 살펴서, 어떻게 하면 주님께 충성할 수 있을까를 생각하고, 충성을 다하도록 이끌어야 한다.

안타깝게도 대부분의 교사들은 공과공부를 '이야기해주기' 로 여기고 있다 성경 이야기조차 제대로 들려주지 않고 엉뚱한 이야기를 하는 교사들도 있다. 교사는 단위학습을 설계할 때 학습해야 목표를 분명히 숙지하는 일부터 해야 한다. 그리고 교재의 내용에서 진리를 찾아내는 작업이 선행되어야 할 것이다.

교사용 공과교재에 단원의 주제, 학습목표, 내용분해 등을 명기한 것은 액세서리로 작성한 것이 아니다. 바로 이러한 것들이 단위학습의 기초조건이 되어 주는 것이다. 학습진행의 내용만 외울 듯이 읽고서, 단위학습의 수업을 진행한다는 생각은 버려야 한다. 사실상, 공과교수의 준비가 소홀했다면 차라리 그 주일의 공과는 다른 교사에게 부탁해야 한다.

성경은 생명을 다루는 공과인데, 이를 쉽게 여겨서 교수한다는 것은 어리석기 그지없는 노릇이다. 공과의 지도는 일반적인 국어나 산수 따위의 학문과 다르다. 그것들은 지식의 탐구에 불과한 것이다. 그러나 공과학습은 바로 성경을 배우는 거룩한 일이다. 공과교수를 가볍게 여기는 교사들은 성경으로부터 가벼이 여김을 당할 것이다.

학습문제의 규명, 즉 학습을 통하여 달성되어야 하는 목표의 인식은 교사의 수업설계에 있어서 제일 우선되어야 할 사항이다. 주제의 파악이 있어야 바르게 학습할 수 있는 것이다.

6. 설계에 따른 계획

성경을 가르치기 위한 공과학습을 준비함에 있어서, 교수-학습의 설계는 학습이론에 따른 계획으로 작성되어야 한다. 교사가 무턱대고 20분 또는 30분의 교수-학습시간을 설계하는 것이 아니다. 효과적인 수업이 되고, 학습을 통해서 달성하려는 기대에 만족할 만한 결과를 얻고자 하는 설계의 방법(이론)이 계획 속에서 수립되어야 한다.

가령, 건축기술자가 집을 짓고자 하여 무턱대고 설계를 시작할 수는 없는 것이다. 집이 지어지는 장소의 지형형태, 집을 짓는데 사용되는 시설자재 등을 고려할 때 설계를 할 수 있다.

교수-학습의 준비에서는 이와 같은 내용을 '수업계획의 계획'이라고 한다.

그것은 학습되어야 할 주제를 파악하고, 바람직한 학습수준에 도달하기 위해서는 어떤 순서와 교구자료가 최선이며, 요구된 학습이 이루어진 사실을 어떻게 알 수 있는가를 규정짓는 일이다. 교사가 단위학습을 설계할 때는 다음의 내용들이 규명되어야 한다.

① 단위학습의 주제를 설정하고 학습목표를 간략하게 진술해야 한다.

성경 본문 : 고린도전서 13장

학습 주제 : 예수님의 사랑 원리

학습 목표 : 우리가 처한 실제상황에서, 그리스도의 사랑을 받은 사람들은 행동으로 사랑을 나타내 보여야 한다는 사실을 깨닫게 한다. 이로써 학생들이 다른 이들을 향해 하나님께서 우리에게 주신 사랑을 나타내며 살아가는 실천이 있게 한다.

② 학습자의 수준을 파악해서 학습의 절차를 계획해야 한다.

사전평가 : 학습자들이 그리스도의 사랑을 이해하고 있는가?

선행학습 : 사랑의 실천을 가르치기 위한 출발선의 마련

③ 교수

학습으로서 달성되어야 할 학습목표를 세분화해야 한다.

학습자의 달성목표 구체화

성경 진리에 반응하는 행동방안의 창출

④ 수업이 진행되는 진도에 따른 전개의 과정을 결정한다.

학습의 목표를 고려하여, 수업의 진행에 따른 교과내용의 순서를 정리한다.

주어진 학습시간의 길이를 고려하여 진행 안을 작성한다.

⑤ 수업의 효과적인 진행을 도모하기 위한 자료를 선정한다.

교수 : 학습의 주체자인 교사와 어린이들의 학습의욕을 향상시키기 위한 도구를 마련한다.

교사와 학생 상호의 학습활동 프로그램을 기획하고 필요한 수업자료를 마련한다.

⑥ 교수

학습의 결과를 평가하기 위한 평가의 방법을 준비한다.

평가 : 질문, 테스트

학습결손 : 보충지도, 보강, 수정

우리는 이상과 같은 방법으로 수업설계를 계획해야 한다. 오직 계획된 수업만이 학습의 효과를 기대할 수 있도록 한다는 사실을 주목하자.

7. 공과 학습의 준비를 위한 10가지의 결정들

이 일을 위해서 교사는 무엇보다도 학생을 위해서 기도하며, 성령께서 학생들을 도와주시도록 기도해야 한다.

아울러 각 학생과 긴밀한 인격적인 관계를 맺고 사랑으로 지도해야 한다. 이제, 아래에 제시된 10가지 결정들은 학습을 설계하는 과정에서 꼭 살펴야 하는 사항들이다.

우리는 여기에 제시하는 것 외에도 교사가 해야 할 결정들이 많이 있을 것이라는 사실에 동감한다.

단위학습을 준비하는 교사가 다음의 사항들을 체크하면서 한 시간의 수업을 설계한다면, 그는 자신의 가르침을 보다 더 목적 있는 방향으로 이끌어 갈 수 있을 것이다.

① 내가 무엇을 가르칠까?

- 공과가 시작점이지만 내용이 너무 많다.
- 나의 가르침의 초점을 맞추기 위해서 기본적인 개념을 선택해야 한다.
- 개념이란 남에게 전달하기 위한 경험, 사고, 물체 등을 내포하는 사람들이 사용하는 용어들이다.
- 개념들은 모든 가르침의 초점이다.
- 학생의 일상생활에 관계 맺는 개념을 사용하는 것이 중요하다.

② 학생들이 무엇을 배울 것인가?

- 학습지도안의 작성과 가르침이 구체적이어야 한다.
- 구체적인 목표를 향해 학습이 이루어지도록 구체적인 목표를 늘 염두에 두어야 한다.
- 목표는 한 수업시간 동안 학생이 성취해야 할 교사의 의도를 표현한 것이다.
- 목표는 학생의 구체적인 행동으로 서술되어져야 한다.
- 목표는 교사가 무엇이 일어났는가를 평가하는데 있어서 도와준다.

③ 본 학습시간을 위해 무슨 가르치는 활동을 계획할까?

- 다양한 가르침의 활동들은 대부분의 학생이 대부분의 시간에 참여하도록 할 것이다.
- 가르치는 활동들은 학생들의 여러 관심과 능력의 정도에 따라 맞추어야 한다.
- 새로운 활동들은 정기적으로 소개되고, 시도되어져야 한다.

④ 나와 학생들이 어떤 자료를 사용할까?

우리는 학생들이 학습할 내용을 구체적으로 보여 주어야 한다. 교수-학습의 성공은 '방법'의 선택에도 좌우되지만 '자료'의 선택도 간과할 수 없는 요소가 된다. 훌륭한 교수법은 추상적인 내용을 얼마나 구체적으로 보여 줄 수 있느냐에 달려 있다. 실물과 그것을 나타내는 그림을 그리고 낱말이 쓰여 진 카드 따위로 우리의 '교실' 을 구체적으로 꾸밀 수 있다.

조금은 신랄한 표현이지만 교사의 '입' 만 가지고 교실로 들어가지 말라. 학생들이 '귀' 만 가지고 공부하려 하는 것을 생각해 보았는가? 교사는 '입' , 학생들은 '귀' 만으로 바람직한 공부가 진행될 수 없다. 교사의 학습지도안에 학습 자료가 선택되어 있어야 합니다. 한 장의 사진이라도 좋다.

학습자료가 왜 필요한가? 어린이들은 누구나 자기 자신과 밀접한 관계에 놓인 주위의 사물, 또는 가족과 연결시켜서 생활에 대한 인식을 하기 때문이다. 그들은 자기와 주변의 환경을 통하여 새로운 사실을 받아들인다. 따라서 그들에게 시각적인 경험을 줄 수 있는 자료를 선택해야 한다.

"사람이 떡으로만 살 것이 아니요, 하나님의 입으로 나오는 모든 말씀으로 살 것이라 하였느니라"(마4:4)는 성구를 외우게 할 경우에도 도화지를 식빵의 형태로 꾸며서, 여기에 성구를 써서 보여 주고 암송하도록 한다. 식빵의 이미지와 말씀의 내용이 성구를 암송하는 어린이에게 선명한 경험을 준다.

보리떡 다섯 개와 물고기 두 마리의 기적에 대하여 공부할 때는 인절미나 크림이 발라져 있는 빵을 준비하라. 공부를 마칠 무렵 함께 간식으로 나누면 좋은 시간이 될 것이다.

예수님의 산상보훈에 대한 공과에서는 여러 장의 산들의 사진을 준비하라. 이 산들의 사진을 보여 주면서, 아이들에게 산 위에 올라 있다는 기분을 갖게 하자. 예수님의 산상보훈에 대한 0 해가 빨라진다.

- 자료란 학생의 흥미를 끌기 위해서만 사용되는 수단이 아니다.
- 지료란 학생 스스로 자신의 학습에 참여케 하는 방법이다.
- 자료는 주의 깊게 선택되어져야 한다.

- 자료는 학생들과 교사를 위한 것이다.
- 다양한 자료를 사용해야 한다.

⑤ 학생들이 참여하도록 내가 어떻게 학생의 동기를 일으킬까?

- 학생들이 그들의 학습에 흥미와 목적을 갖고 참여하도록 하기 위한 주의 깊은 전략을 세워야 한다.
- 이와 전략에는 적어도 5 가지 요소가 있다.
  첫째, 시작(Opening) 둘째, 제시(Presentation) 셋째, 탐구(Exploration)
  넷째, 창의력(Creativity) 다섯째, 끝맺음(Closing)

⑥ 교실은 어떻게 정돈되어져야 하나?

- 우리가 사용하는 말 만큼 교실 정돈, 장식, 자료의 전시가 가르친다.
- 최대한 모든 자료가 학생들이 볼 수 있게, 학생들이 쉽게 다닐 수 있게 전시되어야 한다.
- 가구, 기구, 전시물 자료들은 자주 정돈한다.

⑦ 내가 할 질문은 무엇인가?

- 질문은 매우 중요하고 필요한 활동이다.
- 기본적인 질문은 미리 작성하는 것이 도움이 된다.
- 우리가 사용할 수 있는 3 가지 질문단계가 있다.
  첫째, 정보(Information) 둘째, 분석(Analytical)
  셋째, 개인적 질문(Personal questioes)

⑧ 이 수업시간 동안 학생들이 선택할 것이 무엇인가?

- 학생의 선택은 보다 큰 동기와 참여로 이끈다.
- 학습안 작성의 각 단계에서 학생이 선택할 것을 고려한다.
- 학생의 선택을 토의하고 평가해야 한다.

⑨ 내가 해야 할 지시는 무엇인가?

- 학습활동에 있어서의 성공은 가끔 교사가 하는 지시에 따라 결정된다.
- 학생의 참여는 교사의 지시에 의하여 지도되어진다.
- 지시는 말뿐만 아니라 볼 수 있어야 한다.
- 지시는 여러 단계들 안에서 주어져야 한다.

⑩ 학생이 말하거나 활동을 한 후에, 내가 어떻게 반응할까?

- 학생을 위한 교사의 격려는 학생을 보다 참여로 이끈다.
- 학생은 교사로부터의 반응이나 말을 개발할 수 있다.

03_Steps

공과공부를 위한 사전준비

1. 교수-학습의 과정

주일학교에서 공과를 지도할 때, 교수-학습은 어떤 과정을 거쳐서 이루어지는가? 한국교육개발원이 제시한, 학습에서의 교수-학습의 과정은 다음과 같은 모형을 갖는다. 이것은 교육용어로, 수업과정의 일반적인 모형이라고 한다.

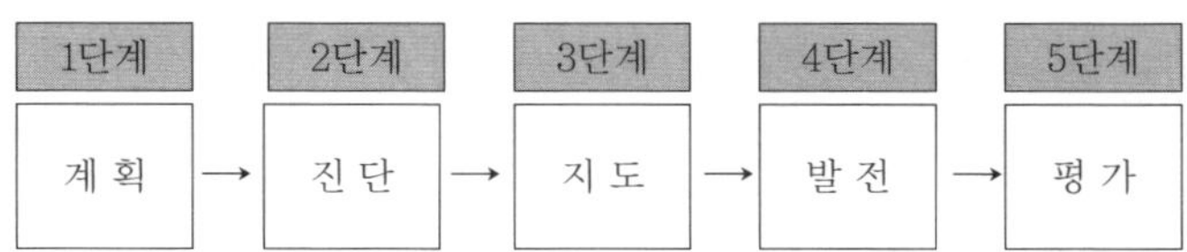

① **계획**

학습목표를 달성하기 위하여 수업을 계획하는 것이다.

② **진단**

본래 학습은 제로선에서 출발하지 않는다. 이 말은 아무것도 없는 상태에서 학습이 이루어지지 않는다는 것이다. 따라서 학습과제의 교수– 학습에 들어가기 전에 아이들이 학습과제를 학습할 수 있는 준비가 되어 있는지 진단해야 한다. 그리고 그에 따라서, 학습에 필요한 조치들을 취하는 것이 진단단계이다. 이를 출발점 행동의 마련이라고도 한다.

③ **지도**

학습목표를 달성하기 위하여 학습과제를 학습하는 것으로, 수업의 진행 상태를 가리킨다. 여기에서는 도입, 전개, 정리의 세 부분으로 단위학습이 진행된다. 어느 면에서는, 교수–학습의 중심이라고도 할 수 있다.

④ **발전**

지도단계에서 학습된 내용에 대하여 아이들이 반응하도록 하는 것이다. 지도단계에서 발견이 된 성경진리에 대하여 순종을 다짐하는 것이다. 따라서 성경말씀에 자신을 대입시키는 시간이라 하겠다.

⑤ **평가**

학습과제의 학습결과를 종합적으로 평가한다. 이 평가에 따라서 교사는 학습겸손을 보이는 아이들에 대한 '보충학습' 또는 개별학습을 계획해야 한다. 또한 이 평가는 교사의 교수–학습활동에 반성자료로 쓰이게 된다.

학습은 그것이 교사주도형이든, 학습자 중심이든 이상에 소개한 다섯 가지의 과정을 밟아 달성된다고 보겠다. 교사가 성경이야기를 하고, 아이들이 듣는다고 해서 학습이 일어나는 것은 아니다. 아이들에게는 교사가 가르치고자 하는 학습내용에 대하여 학습할 수 있는 조건이 마련되고 여기에 새로운 지리가 자극되어야만 비로소 '배움' 이 일어나는 것이다.

이들, 교수–학습의 각기 단계들은 서로 의존되어 있고, 또한 다음단계의 방향을 결정짓는다. 이를테면, 계획단계에서 학습과제의 해결을 위한 학습과제가 마련되면, 이 학습과제의 내용에 따라 사전지도라고 할 수 있는 진단단계의 프로그램이 계획될 수 있는 것이다.

하나님의 삼위일체의 개념을 이해하고 있는 아이들이어야만 삼위 하나님의 사역에 대하여 학습할 수 있는 것이다. 교회가 무엇인지도 모르는 아이들에게 신앙공동체에 대하여 아무리 되풀이 설명해 준다 한들 제대로 이해할 수 없는 것 또한 자명한 사실이다.

그러므로 계획단계에 의해 진단단계가 마련된다. 또한, 진단단계는 지도단계에서 어떤 활동으로 학습을 지도할 것인가에 대한 내용을 결정짓는다.

지도단계 역시 발전단계의 방향을 예고하지만, 역순으로 진단단계의 바탕 위에서 프로그램이 전개되어야 한다.

여기에서 당신은 교수-학습의 여러 단계들이 각기 앞 단계에 의존하고, 다음 단계의 방향을 결정한다는 사실을 검증한 셈이 되었다. 따라서 당신의 교수-학습도 이 같은 다섯 단계로 계획되고 또한 진행되어야 할 것이다.

2. 교수 - 학습의 계획

계획한다는 것은 변호사가 법정에 나서기 전에 자신이 담당한 사건의 변호를 위하여 동일한 사건에 대한 재판사례를 검토하고 피의자의 정황 따위를 살펴서 변론을 마련하는 것을 말한다.

성경공부는 어느 면에서, 설교보다도 더 힘든 작업이다. 성경공부는 감정보다는 이해에 기초하여 학습이 진행되도록 계획하고 준비해야 하는 것이다.

성경공부, 그것은 늘 새로운 작업이다. 교사가 매주일 똑같은 아이들을 만나고, 그가 교수하고자 하는 성경본문이 이미 알고 있는 내용이라고 하더라도, 학습하게 되는 주제가 새로운 것이고, 그 주일의 학습 분위기 역시 전혀 예측할 수 없는 것이기 때문에 새롭다. 따라서 교사는 주일에 다루는 성경공부를 위하여 언제나 준비하고 자신의 수업진행을 계획해야 한다.

야구를 하는 선수들은 9이닝의 출전을 위해서, 보통 2,3 백번의 배팅훈련을 한다고 알려져 있다. 권투선수 역시 15라운드 45분의 경기를 해내려면, 최소 3개월 가량을, 매일 아침 2, 3시간의 로드워크를 해서 기초적인 체력을 연마해야 한다. 운동선수들의 코치들은 말하기를 . '준비 이상의 스승은 없으며 훈련 이상의 기술' 은 없다고 하였다. 이 세상에 준비 없이 되는 일이란 아무 것도 없다.

당신은 준비하는 사람마다 당신이 가르쳐야 할 성경의 내용들을 학습할 내용으로서 준비해야 하고 당신이 가르쳐야 할 아이들이 학습에 적극적으로 참여하도록 준비를 해야 하는 사람이다. 그러나 무엇보다도 우선되어야 할 준비가 있다. 그것은 교사로 순종하는 데 따른 준비이다.

교수-학습의 계획이라는 것으로 불리어지는 이 '준비' 를 어떻게 할 것이냐에 대하여 콜슨은 다음과 같은 일곱 단계를 제시하였다.

① 당신의 준비를 기도로 충만하게 하라.
② 성경 자료에 익숙하라.
③ 중심이 되는 진리를 설명하라
④ 학생들의 필요와 가능한 학습목표를 염두에 두라.
⑤ 당신의 교육목표를 분명히 하라.

⑥ 매주일의 교사 주례회에 참석하라.
⑦ 교육계획을 세우라.

콜슨이 제시하는 이 일곱 단계는 학습준비를 바람직한 방향으로 이끌어 준다. 그런데 우리는 여기에 덧붙여서 몇 가지를 더 생각하고, 단위학습이 시작되기 전에 계획해야 할 일들이 있다. 이제, 한 사람의 교사가 한 시간의 단위학습을 위해 계획해야만 하는 단계들을 생각해 보자. 그리고 이들 단계들을 거치면서 충실하게 교수-학습을 준비하도록 하자.

1) 1단계 : 성경교재의 연구

우리가 가르치는 것은 성경이지 공과가 아니다. 그리고 성경은 성경으로 가르쳐져야 한다. 이것은 성경이 성경으로 풀이되어야 한다는 원리를 따르는 것이라는 점을 강조한다. 당신은 공과를 준비하기 위해서 무엇부터 하는가?

교사용 공과책을 펴보자. 우리가 다음 주일의 공과학습을 준비하기 위해서, 교사를 위한 공과지도서를 폈을 때, 대개 다음과 같은 개요로 구성된 구조를 보게 된다.

① **과의 제목** : 제 17과 중풍병자를 도운 네 친구

② **성경 말씀** : 마가복음 2:1~12

③ **외울 말씀** : 네 이웃을 네 몸과 같이 사랑하라(마 19:19).

④ **학습 목표**
병든 친구의 어려움을 서로 지는 네 친구의 아름다운 정신을 갖게 한다.
친구의 어려울 때, 돕는 것을 예수님께서 기뻐하셨음을 깨닫게 된다.
친구가 어려울 때 도와주는 자세를 지닌다.

⑤ **학습 준비** : 교사와 한마디, 본문 연구, 교수 자료

⑥ **학습 진행** : 이끄는 말, 성경이야기, 맺는 말

⑦ **학습평가** : 묻는 말, 학습과제, 즐거운 활동

공과교재에 따라, 조금씩의 차이는 있을지 몰라도, 어느 교재든지 이상의 네 구조로 편성되어 있다. 이와같이 구성된 공과를 교수하기 위해서 무엇부터 시작해야 할까? 지금까지 당신은 어떻게 해 왔는가?

당신이 어떤 절차를 가지고 공과를 준비해 왔든지 그것은 틀린 방법이 아니었다. 그러나 이제부터는 우리의 교수-학습 계획에 수정이 불가피하다. 그것은 공과 자체에 의존하는 성경공부는 바른 학습이 아니기 때문이다.

우리는 성경을 가르치는 사람이지, 공과를 전달하는 사람이 아니다. 이제부터는 공과에 의존해서 가르쳐 왔던 그 무게를 성경에의 의존으로 옮겨야 한다. 성경만이 우리가 가르치는 성경 진리를 공과로 만들어 줄 수 있다.

성경교재의 연구는 교수-학습 이론에서 교과의 분석, 즉 학습과제의 분석이 되겠다. 차후에 이를 또 다루겠지만, 이것은 대단히 중요한 과정이다. 왜냐하면 우리가 성경의 본문을 연구하는 작업 자체가 교수-학습을 결정짓기 때문이다.

2) 2단계 : 학습 목표의 확인

학습 목표란 교사가 아이들과의 교수-학습이라는 커뮤니케이션을 통해서 성취하고자 하는 것이다. 학습 목표를 확인하는 일은 교

사로 하여금 교수-학습의 내용을 결정짓도록 한다. 이를 임영택은 이렇게 설명하였다.

"이것은 실제 교수-학습 진행에서 나타난 방향을 제시하여 도입, 내용전개, 정리, 평가를 연결시킨다.

학습 목표는 학습의 모든 것을 말한다. 이 목표는 학습의 과제를 결정하고 때로는 교수-학습의 방법까지도 선택하는 것이다.

즉, 교수-학습을 이끌어 가는 요소다. 학습 목표의 분석으로 당신은 '내가 무엇을 가르쳐야 하는 가' 에 대한 길을 선택하게 된다. 우리는 학습의 목표를 찾아내는 작업을 통하여, 학습의 과제에서 다루어야 할 주요한 주제를 선정하게 된다.

이제, 실제로 학습의 목표를 규명해 내는 작업을 해보자.

성경 본문 : 마태복음 26:31~75

과의 제목 : 예수님을 부인한 베드로

예수님을 모른다고 세 번씩이나 부인했던 베드로의 이야기가 기록된 본문이 학습의 과제다. 우리는 이 과에서 다음과 같은 내용으로 학습의 목표를 세우기 마련이다.

① 베드로의 실수를 통해서 사람은 아무리 믿음이 좋다고 해도 자기를 너무 내세우면 실수할 수밖에 없다는 것을 깨닫게 된다.

② 진리를 위해서는 조금도 두려움 없이 담대하게 증거하는 생활을 하게 된다.

③ 베드로가 예수님을 부인하게 되었던 원인을 발견해서 예수님을 부인하는 일이 없도록 한다.

①, ② 항은 아이들 중심의 학습 목표를 진술한 것이고, 3항은 교

사 중심의 학습 목표를 말한 것이다.

교사는 학습 목표를 구체화하는 교수-학습을 전개하기 위해서 아이들이 어떤 행동을 하도록 마련해야 한다. 그리고 그와 같은 행동동기를 자극하기 위해서 학습지도의 방법들이 선택될 것이다. 이와 같이 학습 목표의 확인은 교수-학습의 전부라고도 할 수 있으니 신중하게 다루어져야 한다.

3) 3단계 : 학습지도의 전개

본교시의 교수-학습이 진행되는 단계를 일컫는다. 이 단계는 도입과 전개,그리고 정리로 구성되어 있다.

① 도입

구체적으로 학습 목표를 아이들에게 제시하는 것이다. 이 학습 목표의 제시는 학습동기를 유발시키는 것이 되어야 한다. 또한, 도입부분에서 전에 다룬 학습내용과 본 교시에서 다루는 내용을 관련시켜 학습의 준비도를 강화해야 한다.

② 전개

학습과제의 내용을 아이들에게 제시한다. 그리고 이 제시에 대하여 성경진리의 발견으로말미암은 아이들의 반응이 도출되어야 하는 것이다. 이로써 아이들은 학습과제를 이해하고 진리를 탐구하게 된다.

③ 정리

학습의 전개에서 발견한 성경의 가르침을 익힌 것에 대하여 확인한다. 그리고 이 교훈에 대하여 어떤 태도를 지닐 것인가에 대한 다짐이 있도록 하는 것이다. 정리는 진리를 심화하는 단계다.

학습지도를 모형화 하여 한눈에 살피면 이렇다.

– 목표알기, 교사주도의 수업, 정착, 동기유발, 진리의 이해, 선수학습과의 관계 잇기, 적용, 반응,

4) 4~6단계 : 학습활동의 선정

우리는 마지막으로, 교수-학습의 매체를 선정하고, 수업을 위한 준비의 실제(한 주간)에 대하여 다루어야 한다. 제 4~6단계는 학습을 효과적으로 수행하기 위해서 자료를 수집하는 단계다.

학습의 과제에 따라 교수-학습 진행에 대한 계획이 세워지면, 교수를 돕기 위한 시청각 자료 따위 교수 보조자료를 마련해야 한다. 그리고 교화적인 학습이 되고, 아이들이 학습에 적극적으로 참여하도록 이끄는 활동들이 계획되어야 하는 것이다. 이렇게 해서, 교수-학습의 진행 계획이 완성되면 곧 교안을 작성해야 한다. 교수-학습의 프로그램을 지상으로 옮기는 것이다. 이 교안의 작성은 교사에게 사전의 교수-학습이 되도록 돕는 유익이 있다.

교안을 작성했다고 해서 교사의 공과교수 준비가 끝나는 것은 아니다. 마지막 한 단계가 있는데, 그것은 교수준비를 위해서 교사의 한 주간을 계획하고 실천하는 일이다. 곧 교사는 다음 주일에 가르쳐야 할 공과를 준비하기 위해서 이번 주일을 시작으로 토요일까지 해야 할 일들이 있다. 물론 그것은 앞에서부터 살핀 교수준비의 여러 단계들을 실제로 옮기는 일이다. 필자는 이것을 '교사의 한 주간' 이라고 부르고 있다. 제 4단계-6단계의 내용들은 뒤에 구체적으로 다루게 되기 때문에 중복을 피하려는 의도에서 간략하게 요점만 간추렸다. 교수의 준비에 따르는 단계들을 설명하기 위해서 제목만으로 다루었으니 차후에 상세히 논하자.

3. 학습해야 할 주제의 개념파악

학습의 주제란 '무엇을 가르쳐야 할 것인가?' 를 말한다.

그리고 개념은 뜻을 가리키는 것이다. 따라서 학습 할 주제의 개념파악이란 아이들 입장에서 무엇을 배워야 하는 가?의 내용 이해인 것이다.

만일, 주제를 모르고 교수-학습을 한다면, 어디로 가야 하는 것도 모르고 노를 젓는 뱃사공과 같은 꼴이 된다. 바다에는 길이 많이 있다. 그러므로 뱃사공은 자신이 가야할 곳을 확인한 다음에 줄곧 그곳을 향해서 노를 저어야만 하는 것이다. 공과 학습서도 주제가 여러 갈래로 나누어질 수 있다. 성경내용에 따라서는 한 가지의 주제가 선명히 드러나지만 거의 대부분이 다양한 주제를 담고 있다. 우리는 공과책을 펼쳐서 단위학습의 개요를 살핀 다음에, 학습할 주제를 선명히 부각시켜야 한다. 그래서 이 주제를 좇아 교수-학습의 프로그램을 구상해야 하는 것이다.

다행하게도, 공과책들은 단위학습의 주제를 그대로 과의 제목으로 삼고 있다. 그래서 교사들이 주제를 잡는데 준거가 되어 준다.

주제의 개념을 파악하는 순서는 무엇인가? 이제 공과의 한 과제를 가지고 설명해 보자.

제목 : 깨어 있으라

본문 말씀 : 마 24:3~14, 36~44, 막 13:32~37

외울 말씀

그러므로 깨어 있으라 어느 날 너희 주께서 오실는 지 너희가 알지 못한다. 그러므로 너희도 준비하고 있으라 생각하지 않은 때에 인자가 올 것이다(마 24: 42,44, 새번역)

본문의 말씀으로 선택된 텍스트는 예수 그리스도의 재림과 종말의 여러 징조들 그리고 일하는 종의 비유에 대한 성경이다. 이 성경을 통해서 우리는 '깨어 있으라' 는 주제를 학습해야 한다. 그러면, 각각의 성경 본문을 요약해 보자.

① 마태복음 24:3~14

- 예수님의 제자들이 주의 임하심과 세상 끝날에 있을 징조들에 대하여 물었다.
- 예수님께서는 종말을 달해 주는 첫 번째 징조에 대하여 상세히 언급하셨다(3-8절).
- 종말에 그리스도인들이 당할 핍박과 이를 견디지 못해서 믿음을 버리는 모습들에 대하여 예수님께서 말씀하셨다(9-14절)

② 마태복음 24:36~44

- 종말은 다가온다. 그러나 언제 종말이 임할는지 그날과 그 시는 아무도 모른다.
- 주님의 다시 오심에 대한 시기는 하나님만이 아신다(36절)
- 예수님은 재림이 언제 임할지 모르므로 깨어 있으라고 강조하셨다(42~44절)
- 노아의 홍수, 밭을 갈던 두 사람의 비유를 들어 '깨어 있을 것' 을 강화하신 예수님의 말씀이다.

③ 마가복음 13:32~37

- 무화과나무의 비유와 연결지어, 세상의 종말은 하나님의 주권 속에서 이루어진다고 예수님께ㅅ 말씀하셨다(32절)
- 세상의 종말이 언제 닥칠지 모르므로 깨어 있어야 한다(33절)

– 깨어있을 것을 강하게 권고하시는 예수님께서는 집 주인이 종들에게 일을 맡기고 집을 떠났다가 다시 온 것을 비유로 말씀하셨다(34, 35절)
– 주인이 없다고 해서 종이 게으름을 피울 때, 주인이 오면 어떻게 되겠는가?(36절)

우리는 제목과 관련지어서, 다음과 같은 내용으로 학습할 주제를 잡을 수 있다.

학습할 주제

① 세상의 종말이 언제 닥칠지 모르므로 하나님의 자녀로서의 삶을 충실히 하여 언제 임하실 지 모르는 예수님의 재림을 기다려야 한다.

② 따라서 '깨어 있으라' 는 본 단위 학습의 제목은 '준비하고 있으라' 는 말고 상통한다.

③ 본과의 주제 개념은 세상 종말, 곧 예수님의 재림을 맞을 준비를 하고 있으라는 것이다.

이로써, 우리는 '깨어 있으라' 는 학습과제의 주제 개념을 파악하였다. 여기에 이어서, 할 일이 있다. 그것은 이 내용을 어떻게 학습으로 연결시키느냐의 작업이다. 즉, 학습해야 할 과제를 아이들의 학습 주제로 전이시켜 주어야 한다. 교사는 신앙생활의 연륜과 신앙체험을 바탕으로 '깨어있으라' 는 개념을 파악하였으나, 아이들은 교사가 이해한 대로 이해할 수 없기 때문이다.

실제로, 모교회 주일학교의 유년부 교사가 이 과목을 2학년 아이들에게 가르칠 때, 아이들은 '깨어있음' 을 잠을 자지 않는 것으로 받아들인 적이 있었다. 학습을 했던 아이들 가운데 한 어린이가 그날 밤에 자려들지 않았다는 것이다. 우리는 이 이야기를 웃음으로 넘겨서는 안 된다.

필자가 섬겨 오던 교회의 주일학교에서, 신앙이 바르고 모범적인 생활을 하는 어린이가 있었다. 그런데 어느 주일에 보니 이 어린이가 쉴 새 없이 중얼거리고 있는 것이 눈에 뜨였다. 그래서 "너 지금 무엇을 하고 있니' 하고 물었더니 뜻밖에도 어이없는 대답이 나왔다. "목사님, 저 지금 기도하고 있는 것이에요. 쉬지 않고 기도하는 거예요!"

필자는 당황하지 않을 수 없었다. 그 자리에서 필자가 '쉬지 않고 하는 기도'에 대하여 교정시켜 줄 수도 있었지만 곧 그 어린이의 담임교사를 찾아 그로 하여금 바로잡아 주도록 하였다.

아이들에게 성경을 가르치다 보면, 이 같은 오해가 자연스럽게 발생한다. 그것은 그 개념이 아이들의 경험 속에 없기 때문에 빚어지는 것이다. 사람은 경험의 세계로부터 도약한다. 경험이 없으면 뛰어오를 수 없는 것이다.

학습도 이와 마찬가지다. 그러므로 학습한 주제의 개념을 아이들이 경험한 다른 개념으로 대치시켜서 학습할 수 있도록 도와야 한다. 이 작업이 바로 교사의 교수능력이라고 하겠다.

여기에서 개념이 전이되는 상태는 학습하고자 하는 주제가 추상적인데 반하여 구체적인 것이 되어야 한다. 왜냐하면, 구체적인 것이어야만 아이들의 심상에서 주제의 개념이 선명히 드러나고, 또한 구체적인 것으로 아이들의 경험에 관련된 때 그들은 보다 쉽게 이해하고 학습도가 높아지는 것이다.

4. 학습과제의 규명

학습해야 하는 과제의 주제가 파악되었다면, 교사는 이 주제의 학습을 통해서 무엇을 가르쳐야 하는 가의 학습문제를 규명해야 한다. 즉 서너 교시의 학습(단위 학습)이든지 한 교시의 학습에서, 아이들이 배워야 할 것이 무엇이며, 그 배움에 어떤 절차와 과정을 거쳐야 하는가의 학습과정에 대한 분석, 그리고 그 과정을 이수한 다음에는 아이들의 삶이 어떻게 달라져야 할 것인가의 문제가 밝혀져야 한다. 이 일련의 작업을 학습문제의 규명이라고 한다.

우리의 공과구조는 본교시의 학습보다는 단원학습을 중심으로 짜여 있다. 따라서 단원의 학습규명이 곧 본교시의 학습문제 규명이 된다. 그러나 경우에 따라서는 본 교시의 학습문제 규명이 단원학습에서 특별한 위치를 지닐 수도 있다. 단위학습의 학습과제들이 모여서 단원학습의 학습과제를 분명히 하기도 하지만, 전개되는 학습패턴도 있는 것이다.

다시 말해서, 단계적인 학습구조로 공과가 편성될 수 있다. 본교시의 학습문제가 단원 전체의 성격과 똑같겠지만, 당신은 단위 학습을 준비할 때마다 그 과의 학습문제를 규명해야 할 것이다.

학습문제의 규명은 학습과제가 의도하는 것을 밝히는 작업이므로 학습과제가 설정된 근본적인 이유를 확인하는 것이다. 그런고로 우리는 특별히 유의해서 이 일을 해야 한다. 특히 학습문제가 앞으로 진행되는 교수-학습 설계의 기본적인 요소이며. 기본적인 교수-학습의 방향을 설정하는 것이라고 볼 때 결코 소홀히 다룰 수 없다.

일반적으로, 교사들은 대개 공과에 제시되어 있는 '본과의 주안점' 이나 '학습목표' 만을 읽고서 그대로 따라서 학습문제를 규명하고 있는데, 이렇게 해서는 안 된다. 왜냐하면 이것은 공과 내용의 전달이 될지는 몰라도 의도적이며, 계획이 있는 학습을 이룰 수 없기 때문이다.

학습문제의 규명은 어떻게 이루어지는가? 여기에는 꼭 거쳐야 할 세 단계가 있다. 즉, 학습과제의 진술, 단원학습과의 위치 확인, 성경 본문의 내용 이해이다.

① 학습과제의 진술

가르치고자 의도하는 내용과 학습이 됨으로써 아이들에게 길러지기를 기대하는 것이 분명히 나타나야 한다.

- 세상 종말의 일을 성경에서 찾아 열거하고 믿음으로 깨어가까워진 하나님의 나라를 준비하며 살도록 한다.

최종적인 학습의 목표를 문자적인 진술로만 할 것이 아니라 아이들의 구체적인 행동변화를 설명해야 한다.

- 노아가 하나님의 심판을 대비해서 방주를 만들었듯이 세상 종말이 가까웠음에 대비해서 어느 때보다도 예수님의 재림을 기다리는 마음을 품고 살도록 한다.

② 단원학습과의 위치확인

본교시의 학습과제와 전교시/ 후교시(본 교시 학습내용과의 전후관계 파악)학습과제를 어떤 관계성 속에서 살펴야 한다. 전교시 및 후교시의 학습과제 제목만으로는 '전에 무엇을 배웠고, 앞으로 무엇을 배울 것이며, 본교시의 학습은 어떤 위치에 놓이는가' 의 학습문제를 밝히 드러내지 못한다. 따라서 한 시간의 단위학습 과제에 대한 학습문제의 규명은 전교시/후교시의 학습문제가 동시에 밝혀져야 하는 것이다.

단원 전체의 구조 속에서 본교시의 학습과제가 분명히 드러남으로써 단원학습의 테두리에서 본교시(단위)학습의 위치가 규명되어야 할 것이다.

단원의 주제 : 하나님 나라의 백성
1과 : 아름다운 하나님의 나라(창 2:8~17)
2과 : 우리가 살고 있는 곳(마 13:24~30)
3과 : 믿음으로 가는 나라(마 14:22~33)
4과 : 깨어 있으라(마 24:3~14)
5과 : 하나님의 나라 백성이 되려면(마 5:13~16)

여기에서, 4과가 오늘 수업에 임하는 본교시의 학습일 때, 우리는 다음과 같이 단원의 학습과 본교시의 학습 관계를 정리하게 된다. 하나님 나라의 백성이라는 주제를 디루는 단원의 학습에서, 3과에서는 하나님 나라에 어떻게 갈 수 있는가를 다루고 있으며, 5과에서는 하나님 나라 백성이 되는 조건을 학습하도록 되어 있는 것이다.

본교시의 학습과제는 하나님 나라가 임하게 될 때의 징조와 예수님의 다시 오심에 대해 학습함으로써 세상 종말과 그리스도의 재림을 준비하는 삶이 되도록 하는데 있다.

따라서 전교시(3과)에서는 하나님 나라의 백성이 되는 조건을 학습하였고, 후교시에서는 세상에서의 하나님 나라 백성의 삶을 학습하게 되는 것이다. 그러므로 본교시의 학습은 후교시의 학습에 대한 조건이 된다.

③공과에 제시된 성경의 본문에 대한 이해

학습문제를 규명하는데 있어 세 번째로 할 일은 텍스트인 성경본문을 고찰하는 일이다. 교사 자신이 성령의 도우심에 의존하여 성경 본문의 말씀을 발견해야 한다.

다시 말해서 교사와 아이들이 교수-학습이라는 과정에서 하나님의 말씀에 응답하도록 준비되어야 하는 것이다.

성경은 오늘을 사는 우리들에게 하시는 하나님의 말씀이다. 성경은 가르치기 위한 교재로 작성된 책이 아니고, 바로 교사 자신을 향해서 말씀하시는 하나님의 선언이다. 그는 동시에 아이들에게도 이 말씀이 전해지도록 하여 함께 '응답' 해야 하는 것이다.

우리는 가르치는 행위를 동반하여 하나님의 말씀에 응답하고, 아이들은 학습이라는 작업 속에서 하나님의 말씀에 응답해야 하는 것이다. 그러므로 교사는 말씀을 '단지 가르치겠다' 는 자세로 성경에 접근해서는 안된다. 교수-학습의 활동에서 당신과 아이들이 하나님의 말씀에 응답하기 위하여 오늘의 학습과제로 제시된 성경의 본문을 탐구해야 한다.

우리는 성경의 본문을 탐구할 때, 세 개의 눈을 가지고 말씀을 보아야 한다.

첫째, 믿음의 눈으로 보아야 한다. 성경은 믿음의 사람들이 믿음의 세계를 기록한 것이다. 그러므로 성경을 읽을 때, 믿음이 없이는 본문의 뜻을 파악할 수 없다.

둘째, 영의 눈으로 보아야 한다. 신령한 영안이 열려져야 한다.

육에 속한 인간의 이성의 눈으로는 말씀 속에 있는 생명을 살리는 진리를 발견하지 못한다.

셋째, 복종의 눈으로 보아야 한다. 이스라엘 백성이 하나님과 언약을 맺을 때 그들은 이렇게 고백하였다.

"여호와의 명하신 말씀을 우리가 준행하리이다"(출 24:3). 라고 하였다. 모노는 프랑스이 신학자인데, 성경을 보는 자세에 대하여 참으로 유명한 말을 남기었다. "행하자, 그러면 알게 된다!"

우리는 이제, 믿음의 눈과 영의 눈 그리고 복종의 눈으로 성경을 보아야 한다. 이렇게 볼 때, 이전에 보던 느낌과는 분명히 다를 것이다. 우리는 성경의 힘으로 우렁차게 들려와서 가슴을 울리는 말씀을 듣게 될 것이다. 그러므로 이렇게 성경 본문을 읽되, 여러 번 읽기를 권면한다.

우선 처음에는 말씀이 내용 이해를 위해서 읽는다. 여기에서는 본문이 무엇을 말하고 있는가의 줄거리만 잡아둔다. 이어서 또 다시 읽는다. 이때는 말씀의 중심 진리를 찾으면서 읽도록 한다. 그리고 세 번째로 읽어야 하는데, 본교시 학습과제와 학습의 목표와의 관계를 살피면서 읽도록 한다.

성경의 본문을 고찰하는 작업에 의하여, 비로소 가르쳐야 할 학습과제의 주제를 파악할 수 있다. 그리고 본교시의 단위학습에서 다루어야 할 학습문제의 실체를 분명히 보게 된다.

학습할 주제의 개념파악과 학습문제를 규명하는 일은 교사에게 '무엇을 가르쳐야 할 것인가?' 에 대한 답을 안겨 준다. 학습과제를 분석하는 작업은 교사가 '알고 학습하느냐, 아니면 모르고 학습하느냐'를 결정짓는 일이 되므로 공과준비에 있어서 결코 소홀하게 다루어서는 안 될 과정이다.

2부
학습을 위한
준비과정

04_Steps

공과공부를 도와주는 시청각 도구 사용하기

1. 공과학습에서의 매체

매체란 무엇을 말하는 것인가? 매체는 매개체를 이르는 말로 곧, 어떤 양자 사이에서 서로의 관계를 서로 맺어 주는 상황이라고 말할 수 있다. 그래서 그 매체가 도구 일 때는 매개물이라 부르는데, 둘 사이에 끼어서 서로의 관계를 맺어 주는 물건으로서의 매체인 것이다.

우리가 공과학습을 하는 자리에서 매체라면 당연히 교사의 교수 활동을 도와주고, 아이들에게는 효율적인 학습이 일어나도록 촉진해 주는 유 · 무형의 도구일 것이다. 프랑스의 교육학자인 잔느는 교수-학습의 매체를 이렇게 정의하였다.

"학습하려는 이들과의 의사소통을 위한 교사의 말에서부터 인쇄화된 것, 자연의 사물, 사진이나 그림, 모형, 영화, 티칭머신 따위를 총망라한다."

학습에 있어서, 매체에 대한 보다 쉬운 표현으로, 브리그스는 교사가 아이들에게 교육을 목적으로 제공하는 모든 일체의 수단을 곧 교수–학습 매체라고 하였다. 그러므로 우리는 교수–학습 매체를 교수–학습에서 사용되는 모든 자료라고 정의할 수 있다. 여기에는 인쇄화된 교과서, 아이들의 학습교재, 도표, 그림, 카세트테이프 레코더, 슬라이드, 동화, 후레쉬카드, 모형물, 심지어는 교사의 음성이나 손짓, 교사가 가르치는 도중에 사용하는 일체의 것들이 포함된다.

교사는 교수–학습 매체에 대하여 어떤 태도를 가져야 할까? 고영희는 이를 이렇게 단정 지었다.

"직접 교단에 서서 학습자를 상대로 수업을 하는 교사는 수업목표에 가장 적합한 수업매체를 선택하고 고안하는 능력을 갖고 있어야 한다."

일반적으로, 교육기관(초등학교나 중, 고등학교)의 교사나 주일학교 교사는 그가 교재를 가지고 수업을 전개하는 사람인 것에는 동일하므로 교수–학습의 원리도 같다. 그러므로 성경을 가르치는 교사도 매체에 대한 관심을 기울여야 한다. 그가 다루려는 학습내용이 효과적으로 학습되도록 하기 위해서 수업매체를 선택하고, 창출할 수 있는 능력을 지녀야 하는 것이다. 주일학교에서의 성경공부를 일반 학교가 아니라고 하여 교사의 입만을 가지고 가르칠 수 는 없는 것이다.

우리가 생각할 것은 교수–학습의 매체라고 해서 어떤 기자재에 국한시키려 해서는 안 된다는 사실이다. 우리가 공과학습의 진행시에 아이들을 자극하기 위하여 어떤 예화를 드는 일도 바로 수업

매체의 하나로 선택하는 것이 되기 때문이다. 그러므로 교수-학습의 매체란 수업을 돕는 모든 유, 무형의 도구를 말한다.

교사는 교수-학습을 진행한다는 사실로만 만족해서는 안 된다. 그는 교수를 하되, 보다 효과적으로 학습이 달성될 수 있는 방법을 선택해야 한다. 또한 아이들이 의욕을 일으키며 창의적인 자세에서 학습하겠다는 동기를 자극받으며 학습에 임할 수 있도록 해야 한다. 이 필요에 의해서 교수-학습 매체를 선택하고, 때에 따라서는 스스로 매체가 될 만한 도구를 만들어 내야 한다.

앞에서 인용한 고영희는 교사가 수업매체를 선택하는 작업을 이렇게 평가하였다: "일반적으로 수업매체를 선정, 또는 고안한다는 것은 수업목표를 보다 효율적으로 달성하 기 위한 가장 핵심적인 과정이다." 효과적인 공과 학습이 되도록 하기 위한 교사의 노력이 바로 교수-학습매체를 선택하는 일이라는 것이다.

2. 학습과 기호

사람과 사람 사이의 의사소통은 무엇으로 이루어지는가? 제 일차적인 방법은 말일 것이다. 서로 말을 주고받음으로써 의사소통이 이루어진다. 다시 말해서 말은 서로의 생각을 운반하는 도구인 것이다. 이때, 생각을 운반하는 도구는 말을 대신한 글9문자_)또는 숫자, 그림 등일 수도 있다. 즉 우리는 어떤 사람이 그린 그림을 통해서 그 사람이 하려는 말을 알아낼 수 있는 것이다.

이와 같은 관계가 구체적으로 설명될 수 있는 것이 그림문자다. 거리에 있는 교통표지판은, 말은 하지 않지만 운전사에게 어떻게 해야 한다고 지시하고 있다. 이처럼 그림문자나 모노그램은 말은 아니지만 생각이나 어떤 내용은 전달하는 도구인 것이다. 이와 같이 사람의 말이나, 글 또한 생각을 전달하는 일체의 도구를 기호라고 한다. 따라서, 아이들이 성경을 학습하거나 어떤 내용을 학습하는 활동은 기호로써 이루어진다고 말할 수 있다.

우리는 교수-학습의 기초가 되는 교재에서부터 보조자료 및 수업매체를 통틀어 기호라고 볼 수 있다. 학습하게 되는 내용, 곧 메시지를 전달하기 위해서 사용되는 글이나 말 또는 이를 운반하는 그림, 영화, 지도 따위의 운반체가 바로 교수-학습의 매체다.

기호와 학습의 관계에서 매체의 구분을 알아보자. 교사가 학습하게 되는 내용을 아이들에게 잘 전달해 주기 위한 의사소통의 자료 일체를 기호라고 할 때, 이것은 표상적 기호와 비표상적 기호로 나누인다. 그리고 표상적 기호는 다시 구상적 기호와 형태적 기호로 나누인다. 비표상적 기호는 상징적 기호라는 이름으로 대치되기도 한다.

구상적 기호 : 물에 가까운 것으로 모형, 영화, 사진, 녹음, 그림을 가리킨다.

형태적 기호 : 실물과는 거리가 멀지만 실물을 '특징'상으로 이해할 수 있게 하는 도표나 지도. 간략하게 그린 그림, 다이아그램을 가리킨다.

상징적 기호 : 실물과 닮은 데가 없으며 단순히 어떤 대상을 나타내는 것으로 사용될 때 의사소통이 이루어지게 하는 말(글), 숫자를 가리킨다.

학습에 있어서 구상적 기호는 단지 하나의 특수 대상만을 지시한다. 즉 사진이라고 하면 사진에 담겨있는 사람이나 실물만을 지시하는 것이다. 따라서 구상적 기호에 의한 매체는 구체화를 일으키는 도구가 된다. 한편, 형태적 기호는 지시하고자 하는 대상의 세

부적인 내용을 빼고 오직 기본적인 형태만을 표시한다.

따라서 형태적 기호에 의한 매체는 지시하고자 하는 대상들의 공통적인 특징에 이용된다. 마지막으로, 상징적 기호는 비표상적인 것으로, 어느 것이든지 지시하고자 하는 대상의 이름이 됨으로써 비로소 그것을 나타낸다. 따라서 추상적인 매체인 것이다.

몇 해 전 미국 제록스사의 연구진들은 사람들이 어떤 것을 학습하고 기억해내고 보존하는 방법에 관한 자료를 내어놓았다.

① 학습 방법

미각을 통해서	---------	1.0%
촉각을 통해서	---------	1.5%
후각을 통해서	---------	3.5%
청각을 통해서	---------	11.5%
시각을 통해서	---------	83.0%

이와 같은 통계는 교수-학습에 있어서의 시청각 교재의 사용에 대한 중요한 근거를 제시해 준다. 우리는 다음에 제시하는 학습과 기억의 관계를 살필 때, 시청각 매체의 중요성을 더욱 인식하게 될 것이다.

② 기억해 내는 비율

		3시간 후		3일 후
청각에 의해여	---	70%	---	10%
시각에 의해여	---	72%	---	20%
시청각에 의해여	---	85%	---	65%

③ 보존 비율

읽은 것 중에서	---------	10%
들은 것 중에서	---------	20%
본 것 중에서	---------	30%
보고 들은 것 중에서	---------	50%
듣고 말한 것 중에서	---------	70%
말하고 실제로 해본 것 중어서	---------	90%

이러한 통계를 볼 때, 우리는 시청각 교재의 중요성을 아무리 강조해도 지나치지 않음을 알 수 있다. 따라서 교사는 학생들을 학습 활동에 이끌어 들이는 매체를 구하는 데 들이는 시간과 노력을 아끼지 말아야 한다.

3. 매체의 종류와 자료의 수집

훌륭한 교사는 교수-학습의 매체의 종류를 알아서 효과적으로 사용하는 사람이지만, 그는 스스로 자신의 교수에 알맞은 매체를 준비하는 사람이 되어야 할 것이다. 교사는 교수활동을 준비하는 만큼 교수-학습에 활용될 자료를 늘 준비하는 사람이어야 한다. 교육을 위한 완벽한 매체의 구입도 우선되어야 하지만, 스스로 수업의 효과를 극대화시키려는 노력으로 매체를 마련해야 한다.

이에 대하여 임영택은 "어느 특정한 수업을 위해서 준비하는 것보다는 학습활동에 적용될 수 있는 것을 계속 모으는" 자세로 매체를 수집해야 한다고 강조하였다. 매일 보는 신문이나 잡지를 통해서 성경공부에 활용될 수 있는 그림이나 기사를 스크랩하여 자료로 수집해야 한다는 것이다. 그뿐 아니라 아이들의 잡지를 보다가 감동되는 부분이 발견되면 복사를 해 두었다가 매체로 활용할 수 있어야 하겠다. 사실상, 어떤 특정한 기자재만이 교수-학습 매체는 아닌 것이다. 우리 주위에서 쉽게 대할 수 있는 여러 가지가 매체로서의 조건이 되는 것이다. 교사의 눈에 보이는 모든 것이 매체다. 그러므로 교사는 공과를 가르치기 위한 교재연구 못지않게 매체의 수집을 위한 관심도 지니고 있어야 한다.

대부분의 교사들은 교수자료의 부족을 호소하고 있다. 그러나 자신들의 노력으로 자료를 마련하고자 하는 의지가 없는 것이 오늘의 주일학교 교육 현실이다. 교사가 효과적인 수업을 위하여 매체를 마련하는 노력은 곧 자신의 교수-학습에 대한 성의 있는 준비가 될 것이다. 따라서 자료를 늘 수집하는 우리들이 되어야 한다.

4. 교수-학습 매체의 선택요령

교사가 한 시간의 교수활동에서 매체를 활용하기 위해서는 선택이라는 작업을 해야 한다. 예를 들어 시청각자료라고 해서 무조건적으로 교수에 이용될 수는 없는 것이다.

효과적인 교수 활동이 일어나도록 하기에는 한 가지의 매체가 적합할 뿐이다. 그런 까닭에 선택은 먼저 매체 자체를 분석하는 일로부터 시작되어야 할 것이다. 이것은 매체 선택의 기본이 된다.

매체를 분석하는 기준에 대하여, 유태영은 다음의 세 가지로 방향을 정하였다

첫째, 그 매체의 특성
둘째, 그 매체의 제시 방법
셋째, 그 매체의 효과적인 이용방법

매체를 선택하는 근본적인 이유는 수업 목표를 보다 효율적으로 달성하려는 것 때문이다. 그러므로 학습의 성패에 매체 선택이 차지하는 비중이 크다고 하겠다. 따라서 매체가 지닌 특성 등, 매체 자체의 분석 다음으로 교수-학습을 위한 매체를 고려할 때, 학습과 매체의 관계에서 선택이라는 과정의 작업이 뒤따라야 한다. 이 과정은 다음의 순서로 한다.

① 학습 목표가 무엇인지를 분명히 알고 있어야 한다.

② 학습 목표를 달성하기 위해서는 어떤 수업사태를 구상할 것인가에 대한 설계가 마련되어야 한다.
수업사태는 매체를 선정하는 방법이 되기 때문이다. 여기에서, 수업사태를 설명한다면 그것은 다음과 같은 것이다.
– 교수 : 학습의 도입에서 발생되는 일

– 학습에의 동기유발을 시키는 일
– 학습의 주제를 제시하는 일
– 학습하는 아이들에게 학습방법을 소개해 주는 일
– 기대하는 성취 행동의 모델을 제시하는 일

③ 교수–학습전개에 따른 매체종류를 정해야 한다. 이때 절차는 다음과 같다.

– 적절성을 고려한다. 즉 주제에 적합한 매체인가를 확인하는 것이다.
– 난이도를 알아본다. 학습을 하는 아이들의 지적인 수준에 알맞은가를 체크하는 것이다.
– 경제성을 검토한다. 공과 학습에서의 효율 능률이 사용한 자료(매체)의 가격과 경제적인 관점에서 어떠한가를 따진다.
– 이용의 가능도를 확인한다. 언제라도 필요할 때, 이용할 수 있는 매체인가를 알아두어야 하는 것이다.
– 질적인 면도 살펴야 하겠다.
  : 전체적인 질적 관점에서는 어떠한가?
  아이들이 잘 볼 수 있는가?
  아이들에게 잘 들리는가?
  누구나 쉽게 잘 읽을 수 있는가?

5. '몸 언어'로 가르쳐라

아이들은 생기발랄한 공과공부의 진행을 원한다. 다양한 학습경험의 현장이 되어야 한다. 단조로운 방법의 교수–학습은 거듭될수록 학생들을 지루하게 한다. 학생들은 학습에 대한 기대를 갖고 수업에 임해야 한다. 그러나 습관처럼 고전화 되어서 변화가 없는 교사의 학습방법은 아무리 중요한 과제를 갖고 학습을 시작한다 하여도 참여도를 떨어뜨린다.

사람은 몇 번만 반복해도 싫증을 낸다. 우리는 본능적으로 새로운 것에는 흥미를 보이지만, 똑같은 일에는 아주 쉽게 식상해 하는 버릇을 지니고 있다. 그래서 아무리 좋은 학습시간이라 할지라도 몇 차례 반복되면 학생들은 싫증을 내게 마련이다.

그러므로 학습이 일어나는 '교실' 이 다양해질 수 있도록 준비해야 한다. 언제나 똑같이 스토리텔링(이야기를 들려주는 것)이어서는 안 된다. 여러 가지의 매체를 채용하여, 다양하게 진행되는 학습이 되도록 힘써야 하는 것이다.

다양하게 준비된 교수 매체가 사용되어, 수업의 현장이 움직이는 교실이 된다면 교수-학습의 분위기는 사뭇 다를 것이다.

교수-학습에 참여하는 학생들의 흥미도가 높아지면서 열정적인 수업의 자리로 만들어진다. 여기에서 학생들은 그들은 다양한 접촉을 통해서 더욱 생생하게 성경을 공부할 수 있게 된다.

사람이 경험할 수 있는 모든 일에 있어서, '변화' 라는 것은 본래 자극이 될 수 있다. 이 자극은 학생들로 하여금 싫증의 요소를 떨쳐 버리게 한다. 가령, 성경공부를 꼭 예배실에서 진행해야 한다는 우리의 고정관념이 학생들로 하여금 성경공부에서 멀어지게 하는 것은 아닐까? 변화를 주는 교실을 만들어 보라. 여기에는 교수-학습이 펼쳐지는 장소뿐만 아니라, 교사와 학생들의 움직임도 포함된다. 이렇게 해 보면 어떨까?

- 창조기사에 대하여 공부할 때는 자연물에 대한 마스크나 가면을 만드는 공작시간을 가져 보자. 해, 달, 별 그리고 여러 가지 동물들의 가면을 만드는 것이다. 아이들은 가면을 쓰고 학습하는 것이다.

- 애굽에서 나온 이스라엘 백성들의 광야생활에 대하여 공부때는 유대인들의 복장을 꾸며 보자. 아이들에게 수건(타올)과 지금은 사용하지 않는 아버지의 넥타이를 준비시킨다. 수건을 머리에 쓰고 넥타이로 묶는다. 그러면 그들은 자신이 바로 이스라엘 백성임을 느끼게 된다.

- '엠마오로 가던 두 제자' 에 대하여 공부할 때는, 실망해 보았던 일들에 대

하여 이야기해 보라. 그들은 자신들의 실망을 통해서 엠마오로 가던 제자들을 만나는 체험을 할 수 있다. 제자들에게 있어서 실망은 기쁨으로 회복되었다. 우리는 이 과정에서 아이들에게 예수 그리스도만이 우리의 영원한 '희망' 이심을 가르쳐 줄 수 있다.

교사는 자신의 몸을 가르침을 위한 도구로 사용하여, 수업을 흥미진진하게 펼쳐 나갈 수 있다.

① 목소리

항상 단조로운 교사의 목소리를 어떻게 느끼는가? 계속해서 작고도 달콤하게, 부드럽게 이야기하는 것과 고함을 지르면서 연단을 탁탁치는 교사의 목소리 중 어떤 것이 더 효과적일 것이다? 물론 후자의 경우가 덜 효과적이리라고 본다.

목소리의 단조로움은 아이들을 기진맥진시키고 소외시킨다. 유능한 이야기 교사는 목소리와 억양과 높낮이를 속삭임에서 고함소리로 고음부에서 저음부로 다양하게 해야 한다.

나사로는 예수님이 큰소리로 부를 때까지 무덤에서 나오지 않았다. 목소리를 가지고 우리는 인물들을 생생하게 만들어 줄수 있다. 우리는 베드로의 고뇌, 여호수아의 결의, 마르다의 실망, 사라의 의심들을 전달한다.

② 몸의 여러 동작

성경의 인물들은 우리의 몸동작을 통해서 생생하게 살아있게 할 수 있다.

아합 왕은 물이 마르고 엘리야를 찾을 수 없자 국왕으로서 화를 내었다. 이제 우리는 조용히 서서 말할 수 있다.

"아합 왕은 매우 화가 났어요. 그는 자기 군사와 노예들을 온 나라에 보내서 그 말썽 많은 엘리야를 찾게 했어요."

이에 왕은 발을 구르며 공주에다 주먹질을 하며 "엘리야를 찾을 수 없다는 게 무슨 뜻이냐? 나의 강력한 군인들이 그 언덕에 숨어 있는 단 한사람의 말썽장이를 찾아낼 수 없다니? 엘리야를 내게 데려와, 지금 당장 그를 데려와!"

우리는 이렇게 함으로써 아합 왕의 분노를 아이들에게 보여줄 수 있다. 이러한 말은 성경에는 나오지 않는다.

그러나 아무도 이런 한마디 한마디의 단어를 기억하지는 못할 것이다. 그들은 오히려 아합 왕의 분노와 그의 힘을 기억할 것이다. 어린이는 오바댜가 길에 내려오고 있는 엘리야를 만났을 때 그의 두려움을 이해하고 느낄 것이다. 그리고 결국에는 어리석은 아합 왕을 침묵시키는 전능하신 하나님을 존경할 것이다.

③ 손으로 말미암은 작은 동작

손을 사용하는 것을 생각해 보자. 때때로 우리의 손은 여러 가지 시각자료를 보여 줄 때 사용된다. 그러나 손은 그보다 훨씬 많은 것들을 할 수 있다.

- 손은 비를 내리게도 하고, 천둥이 치게도 하고, 홍수를 일으키기도 한다.
- 손은 방주의 문을 닫고, 홍해를 가르고, 새총을 빙빙 돌리게 할 수 있고, 아기 모세를 갈대와 역청으로 만든 바구니에 사랑스럽게 눕히기도 한다.

그것은 교사의 말과 행동을 연결시켜 준다. 또한, 듣는 사람들로 하여금 교사의 움직임을 모방하게 하며, 그의 전달수준과 기억을 깊이 있게 해 줄 수 있다.

④눈

사람의 눈은 서로를 향하여 눈으로 이야기가 가능케 한다. 그 소리는 그들의 귀를 지나 그들의 마음으로 간다. 단 한번이라도 이이들의 눈 속을 직접 들여다보라. 그러면 이야기 구연법은 힘이 있다. 우리를 응시하고 있는 눈들을 응시할 때, 우리는 우리말의 초점과 우리의 이야기를 듣는 사람드에 대한 진지한 책임감을 느낀다. 이야기 구연가들은 주의를 끌 수 있다.

하나님은 인생들의 변화를 위해 우리를 사용하신다. 지식과, 상상력, 눈, 목소리, 손, 마음, 그리고 하나님의 사랑을 모두 종합한다. 그러면 이야기 구연법은 누구나 하나님의 영광을 나타내도록 습득할 수 있는 기술이 된다.

우리가 갖고 있는 신체의 도구들을 가지고 지금 연습하라. 다음 주에 할 이야기를 거울 앞에서 두어 번 연습하라. 당신이 해야 할 이야기를 기도하는 마음으로 준비하며 시간을 보내라. 아이들은 우리의 목소리를 주의 깊게 듣는다. 교사의 손동작을 관찰하고, 이야기를 듣고 있을 것이다. 이를 위하여 연습을 하자. 오직 훈련을 통해서만 몸의 여러 동작을 사용하는 기술은 향상될 수 있다. 몸을 사용하여 아이들을 가르친 경험이 있는 교사가 들려 준 자신의 이야기를 나누고 싶다.

"지난 성경학교에서 난 듣지 못하는 어린이들로 구성되어 있는 반을 가르쳤다. "사무엘"을 말하지 않고 수화로 해야만 했다. 그래서 그날그날의 공과에서 수화를 나의 말과 연결시키고 암기하기 위해 전날에 적어도 네 시간을 연습해야했다. 나는 나의 이야기들을 다시 배웠으며 초신자처럼 연습을 하였다. 그것은 나를 지치게 했다. 그러나 내가 사무엘과 다윗의 이야기에 시간을 오랫동안 준비하면 할수록 그 만큼 나는 이야기를 듣고 있는 어린이들에게 더 잘 이야기 해줄 수 있었다.

골리앗이 “내가 나를 개로 여기고 소년을 보내 싸우게 하느냐?” 라고 소리지를 때 나는 목소리를 아주 높이지 않고 손을 난폭하게 흔들었다. 그들은 말을 알아들었다. 만일 스티브가 한 가지 이야기만 하거나 두 가지 실예를 들었다면 어떻게 하겠는가? 여러분은 사랑장을 가르치는 데 어떤 특성들을 사용하겠는가?

6. 활동에 의한 상호작용을 일으켜라

교수-학습의 현장에서 교사와 학습자의 관계를 강화시켜 주는 기본적인 수단은 무엇인가? 교육심리학자들은 상호작용(communicate)을 말한다. 교사와 학습자의 상호작용은 가르침과 배움의 기초가 된다. 상호작용이 수업의 현장에 가져다주는 유익함을 다음과 같이 꼽아 볼 수 있다.

- 교사와 학습자가 그들 자신을 있는 그대로 표현하게 된다.
- 교사와 학습자가 서로에게 성실하게 귀를 기울이게 된다.
- 교사와 학습자가 공과공부를 통하여 기대하는 바를 성취하고자 한다.

상호작용이 이처럼 교수-학습의 기초가 된다면 우리는 적극적으로 이를 선택해야 한다.

본 학습시간을 위해 무슨 가르치는 활동을 계획할까?

어린이들은 활동을 여간 좋아하지 않는다. 활동은 어린이에게 어린이답게 한다. 이것은 그들에게 재미만 주는 것이 아니라, 그것을 통해 많은 것을 배우게 해 준다. 그 활동에 나오는 인물의 역을 함으로써 어린이는 그 사람이 한 일이 무엇인지, 그 사람이 어떻게 했는지, 어떻게 느꼈는지 배우게 되는 것이다.

그러므로 초등학령 시기의 어린이들에게 있어서, 활동은 바로 '성경 이야기를 재현하는 것' 이 된다.

- 어린이 자신이 만일 하나님이 만드신 예쁜 꽃이 되어 유희를 할 때, 그는 그꽃이 어떻게 생겼는지, 어떻게 자라는지 또 미풍이 스칠 때 어떻게 되는지 생각해 보게 된다. 그리고 나서 꽃을 볼 때는 그것이 그냥 빨갛고 노란 것이 아니라 하나님이 만드신 어떤 생물로 보게 되는 것이다.

- 어린이가 아브라함이 되어 사막을 건너 여행하는 활동을 함으로써 그 당시의 여행이 얼마나 힘들었는지 알 수 있게 된다. 또한, 리브가가 되어 목마른 낙타 들에게 물을 먹이는 활동을 함으로써 남을 돕는다는 것이 얼마나 귀한 일인가 를 깨닫게 된다.

활동은 교사가 가르친 이야기를 어린이의 마음속에 깊이 새겨 주며, 또한 움직일 기회를 주게 된다. 더욱이 유년부 어린이들은 오랫동안 침묵하고 있지 못한다. 그러니 서슴치 말고, 다양하고 재미있는 활동을 활용하라. 교사가 먼저 하면 그들도 쉽사리 따라 한다. 어린이들을 새로 만들고 싶으면 교사가 먼저 새가 되어 두 손을 흔들면서 새처럼 훨훨 날아 보자. 교사가 이런 활동을 할 때는 천진난만한 어린이가 되어야 한다.

어린이들이 배운 이야기를 활동으로 나타낼 때 배운 사실을 정확하게 표현하는지 잘 관찰해 볼 것이다. 방금 가르친 과의 목적을 깨닫고 있는 것 같은가? 어린이들의 활동을 주의 깊게 평가하면 또한 교수의 성공여부에 대한 평가도 할 수 있게 될 것이다.

7. 학습의 효과를 높여 주는 도구들

당신의 가르침은 당신만의 열정적이고도 일방적인 전달로 끝나지는 않는가? 학생들은 분반 공부 시간이 끝나기만 기다리며 지루함을 보이지는 않는가? 때때로 교사들은 학생들의 이러한 반응으로 좌절감을 맛보게 된다. 그러나 이러한 반응을 잇달아 보인다면 당신의 교수법이 바뀌어야만 한다.

창조주 하나님께 대한 놀라움 중의 하나는 모든 사람을 똑같이 지어내시지 않으셨다는 것이다. 그러므로 주일학교의 학생을 포함하여 사람들은 각각 다른 방법으로 배운다.

- 어떤 학생들은 시각적, 문자적으로 공부하기를 좋아한다. 그런 학생들에게는 읽을 것을 주어 탐독하게 하라.
- 책을 좋아하지 않는 학생들에게는 도표나 그림, 슬라이드를 보여 주면서 그들의 믿음의 성장을 지켜보라.
- 다른 학생은 음향 전달에 더 신속하고 예민한 반응을 보인다. 그런 학생들은 녹음기를 들려주거나 토론으로 이끌어 주라. 그들 또한 그 학습에 빠른 흥미를 보일 것이다. 만약 음향 전달을 좋아하는 학생들에게 책 읽기를 권하면 학습에 대한 흥미를 잃을 것이다.
- 또 다른 학생들은 어떤 일에 대한 책임을 줄 때 신속한 반응을 보인다. 그들에게 일을 맡기면 그들의 열심은 즉시 발동된다. 그러한 학생에게 책 읽기를 요구한다면 그들의 얼굴에는 권태가 스며들 것이다.

당신은 학생들의 학습 취향에 따라 하나님의 말씀을 그들에게 전달하는 방법에 대해 깊이 생각해 본 적이 있는가? 종이에 당신 반 학생들의 이름을 기록하라. 그리고 그 한 사람 한 사람에 대해 생각해 보라. 각 학생의 이름 옆에 그 학생에게 맞는 가장 좋은 학습

방법을 써 보라.(관찰, 듣기, 활동 등)

학생들의 동기를 이끌어 내는 방법을 생각하며 각 공과 준비에 사용할 수 있는 방법을 열거해 보라. 학생들이 깨달은 하나님의 말씀으로 그들의 삶에 적용하도록 하는 효과적인 방법을 매주 기도하면서 생각하게 하라.

청각적 전달 : 청취, 녹음기, 영화, 노래, 강의, 토의. 시, 구두 보고, 토론, 질의응답, 퀴즈, 브레인 스토밍

시각적 전달 : 슬라이드, OHP, 빔프로젝트, 칠판, 잡지, 책, 벽화, 신문, 전시, 글자 맞추기, 대담, 영화, 집, 지도, 정기 간행물, 일기, 여행일기, 개방식 이야기(마지막 부분을 학생 스스로 완성하도록 남겨 두는 이야기 방식)

행동 전달 : 역할극, 촌극, 계획 짜기, 그림, 소설쓰기, 문제해결, 사례연구, 광고지 만들기, 견학, 현장 답사, 벽장식, 공작

05_Steps

효과적인 공과공부를 위한 교수법

1. 학생의 수업법칙을 알라!

우리는 공과를 가르치기 전에, 그들이 성경학습에 임하는 법칙을 이해해야 한다. 이제, 수업에 참여하는 청소년들이 학습에 대한 생각의 문을 열도록 하는 구체적인 기술을 마련해야 한다. 학생의 수업법칙에 대하여 연구한 선배들이 많이 있다. 우리는 그들이 닦아 놓은 길을 감으로써 쉽게 수업에 임할 수 있다. 얼마나 큰 복인가!

여기에서 우리는 존 밀톤 그레고리의 도움을 받을 수 있다. 그가 발견한 '학생의 법칙' 에서 우리들이 실시할 수 있는 방법을 찾아볼 수 있다.

학생들의 관심 : 우리는 가르침의 대상인 학생들의 관심사가 무엇인지 알아내어야 한다. 누구를 막론하고 자기가 원하지 않는 일에 주의를 집중시키거나 흥미를 느끼는 일은 있을 수 없다.

외부의 방해 : 외부의 방해를 받지 않도록 조치하는 일이다. 그들은 주의가 집중되기 어려운데다가 외부의 일에 주의가 산만해지기 쉬우므로, 아무래도 교사가 이를 잘 대처하여 가능한 한 외부로부터의 방해를 받지 않도록 학습 환경을 정돈하는 것이 필요하다.

학습의 수준 : 학생들의 능력에 알맞은 공과 선택과 학습방법을 택하여 사용하는 일이다. 학습해야 하는 내용이 너무 어려워도 안 되겠지만 너무 지나치게 정도가 낮은 것도 곤란하다.

참여와 협력 : 학습활동에 학생들을 적극적으로 참여, 협력하게 하는 일이다. 필요하면 묻기도 하고, 필요하면 의견을 진술하게도 할 것이다. 필요하면 성경 구절을 찾아 읽게도 하는 것이 교사의 지혜다.

사실, 수업은 학생들이 한다. 우리가 교수법을 가지고, 그들에게로 가지만, 그들은 각자가 자기들 나름대로의 수업원리를 가지고 있다. 그러므로 교사는 그들이 지니고 있는 수업의 원리를 자극하면 된다. 여기에는 다음의 세 가지 원리를 살펴 볼 수 있다.

제 1원리 : 호기심–자연스러운 호기심을 일으킬 것
호기심이란 실은 알려고 하는 갈망이다. 그것은 마음이 갈급한 표시이다. 호기심이란 정상적인 사람이라면 다 가지고 있는 자연적으로 알고 싶어 하고 기이하게 느끼는 것이다.

제 2원리 : 흥미–정서적인 면에 흥미를 끌게 할 것
인간이란 이성적이라기보다 정서적이라고 여겨지기 때문에 사람을 지도하는 데는 학습경험 시작부터 정서적으로 연관되도록 한다는 것이 중요하다.

제 3원리 : 사실에의 이용–흥미가 붙어있는 사실을 이용할 것
모든 학생들은 자연적이며 자발적인 흥미가 붙어 있는 어떤 사실을 소유하고 있다. 이러한 관심들은 교사가 학생들에게 배우려는 자극을 줌으로써 효과적으로 사용될 수 있다.

제 4원리 : 요구–학생의 요구로부터 시작함

주일마다 교회학교에 나와 교사 앞에 앉아 있는 학생들은 여러 가지 문제와 질문들을 갖고 있다. 그 질문과 문제의 해결책은 교사가 갖고 있는 성경 안에 있으나 성경학습이 끝난 후에도 많은 학생들이 문제의 해결을 발견하지 못한 채 집으로 돌아간다.

학생들의 동기는 내적인 것이기 때문에 교사가 이 내적인 것을 어떻게 이끌고 내느냐가 중요하다. 때로 학생들은 자기들이 가져야 하는 실제 요구(real need)를 느끼지 못한다. 그런 경우 교사는 학생이 현재 느끼고 있는 요구(felt need)로부터 실제 요구로 이끌어 나가야 한다.

친구가 없어 외로운 어린이가 친구를 필요로 하는 요구(느끼고 있는 요구)에서 하나님의 사랑을 받아들여 예수님이 진정한 친구가 되신다는 요구(실제로 가져야 할 요구)로 이끌어 나가야 한다. 교사는 먼저 그 학생을 그리스도의 사랑으로 사랑하여, 학생이 그리스도와 하나님의 사랑을 깨닫게 해야 한다.

학생이 두려워하거나 열등감에 빠져 있게 될 때 학습은 잘 이루어지지 않는다. 자신에 대한 좋은 느낌을 가질 때 학습은 잘 이루어지고 학생 자신이 점검 향상되어질 수 있다.

2. 학습지도 전략으로서의 교수법

본교시의 공과지도를 위하여, 교수-학습에서 다룰 내용이 선정되었다. 그러면 무엇을 해야 할까? 이제, 이것을 아이들에게 가르치기 위한 전략을 세워야 한다. 이 전략은 학습을 운반하는 도구요, 교사의 편에서는 교수를 전개하는 기술이다.

교사의 교수법은 학습을 하는 아이들이 학습 목표에 도달하도록 이끄는 방법이 될 것이다. 교사가 학습을 지도한다는 행위의 목적은 바로 아이들이 학습 목표에 도달하도록 하는 것이다. 따라서 교사는 유태영이 '학습지도의 체제적 접근'에서 밝혔듯이, "자유자재로 많은 기법(기술)을 사용할 수 있어야 되고, 학습자(아이들)로 하여금 능률이 있게 목표에 도달할 수 있도록 하는데 가장 적당한 기법을 선택할 수 있어야 한다."

교사가 교수법을 생각해야 하는 궁극적인 이유는 효과적인 학습지도를 실시하려는데 있다. 만일, 교사가 수업의 효과나 학습 목표에 관심을 두지 않는다면 교수법에 대하여 상고할 필요가 없다. 교사가 교수를 한다는 것은 사실상, 아이들로 하여금 학습 목표에 도달해서 학습목적이 꾀하는 인격의 변화를 경험하도록 하는데 있는 것이다.

교사는 교수-학습이 효율적으로 전개되도록 하기 위해서 교수법을 선정해야 한다. 다양한 교수법들 가운데서 학습의 효과를 극대화하는 기술을 활용해야만 하겠다. 그러므로 우리는 수업과 기법(기술)의 관계를 다음과 같은 요점의 바탕에서 고려하여 교수법을 선정해야 할 것이다.

① 교수 및 학습의 보충이 되는 수단으로써

② 교과과정이 풍부해지도록 하기 위해서

③ 직접적인 교수의 일부로써

④ 기본이 되는 학습으로써, 즉 교사의 완전교수를 돕는 방편으로써

학습의 현장에서 활용되는 교수법은 교사활동의 보조적인 설명이 된다. 또한 학습지도의 한 형태로 이용될 수 있으며, 학습지도

형태가 학습목표를 달성하기까지 교수법에 전적으로 의존되기도 한다.

교수법에 대하여, 일반적으로 교사들은 어떤 태도를 지니고 있을까? 레이폴트는 이렇게 분석하였다. 교사들 가운데는 자신이 행해왔던 방법이 가장 안전하다고 결정하여 그대로 수행하는 이들과 때때로 모험성을 드러내며 새로운 방법을 시도하는 이들이 있다고 하였다. 그리고 자신이 행해왔던 기법에도 확신은 없지만 새로운 것에 대해 시도하기를 두려워하는 이들도 적지 않게 있다는 것이다.

매주일의 성경공부는 특수한 상황이며, 새로운 것이다. 그렇기 때문에 교사는 새로운 학습을 위하여 특수한 수업을 계획해야 한다. 당신은 성경공부가 진행되는 매주일의 시간을 어떻게 생각하고 있는가? 당신이 이제껏 해온 대로 주일마다의 성경학습이 늘 똑같다고 여기는가? 아니면 성경공부가 시작되는 매주일의 시간이 늘 새로운 것이라고 보는가? 그렇지 않으면 학습하게 되는 주제가 바뀔 때 새롭다고 느끼고 있는가?

성경공부는 결코 똑같지 않은 것이다. 가르치는 당신이 맞이하는 아이들은 매주일 같을지 몰라도, 성경공부가 진행되는 상황은 다른 것이다. 그리고 다르되 새로운 것이다. 성경공부를 하는 시간은 늘 새롭다.

우리는 성경공부에 대하여 기대를 갖고 준비해야 한다. 또한, 우리가 다루게 될 성경의 내용이 학습목표에 따라 교수법의 다양화를 요청하고 있기 때문에 새롭게 공과학습을 준비해야 한다. 교사가 교수법을 선택하는 것에 대하여 레이폴트는 이렇게 권면하고 있다.

“매번 당신이 새로운 방법을 시도한다면 당신은 어느 정도의 모험성을 가지게 될 것이 사실이다. 만약 그 새로운 방법이 잘 계획되고 정확하게 적용되기만 하면 그 모험은 가치 있는 것이 되어서 그것이 사용되어질 때 당신과 그룹 회원들에게 좋은 결과를 가져다 줄 것이다. 그리고 만약 첫 번째 시도에서 성공하지 못하더라도 다시 한 번 시도하라!"

이어서, 그는 아주 무서운 경고를 하였는데 정신을 똑바로 차리게 하고 있다. 자신을 다른 사람들의 학습에 장애물이 되도록 하지 말라!

3. 교수법의 선택-어떻게 할 것인가?

맥킨리(J. McKinley)는 스미스(R. M. Smith)와 함께 쓴 책에서, 교사가 교수-학습에서 교수법을 선정하고자 할 때, 거쳐야 할 6단계의 방법을 소개하였다. 여기에서 이들은 이 단계를 밟아서 교수법이 고려되어야만 학습의 효과가 증대된다고 하였다. 맥킨리와 스미스가 제시한 교수법을 선정하는 '계획의 6단계' 는 이렇다.

1단계 : 흥미와 요구를 발견하라

2단계 : 그 흥미와 요구에 관련된 논제(들)를 결정하라.

3단계 : 당신이 성취하고자 하는 목표(들)를 설정하라.

4단계 : 사용할 수 있는 자원들에 대하여 점검하라.

5단계 : 학습의 목표를 성취하는데 있어서 효과적이라 생각되는 방법(들)을 선택하라.

6단계 : 수업의 개요를 작성하고 책임을 배당하라.

레이폴트의 말처럼, 학습의 주제, 학습의 목표, 학습의 내용 그리고 학습의 매체가 결정되기 전에 교수법은 선정될 수는 없다. 교수법은 학습을 운반하는 도구이므로, 이에 따라 어떤 방법으로 교수를 전개할 것인가의 기술이 선택되어야 한다. 이를테면, 교수법을 선정한다는 작업은 학습이라는 전략에 있어서 전술부분이 된다.

그러므로 '학습 목표에 도달하기 위해서는 가장 효과적이고 능률적인 접근이 무엇인가'를 생각해 내야 한다. 그런데 기실, 효과적이고 능률적인 접근, 곧 교수기법을 찾는 것은 어려운 노릇이다. 그것은 우리의 공과학습이 학습하는 아이들 하나하나에 대한 것이 아니기 때문이다. 지금 같은 일제수업의 형태에서는 좋은 교수법을 찾아내기 어렵다. 그리고 교사 자신의 능력이나 개인차에 따라 효과나 능률의 기준이 다르기 때문에 어렵다.

이제, 필자는 앞에서 소개한 맥킨리와 스미스의 방법을 보다 간소화 하여 교수법 선정의 3단계를 제시하고자 한다.

1단계 : 학습 목표를 명료화하라

- 하나님은 영원하시며 거룩하신 성품을 지니셨음을 알게 한다.
- 천사들이 우리를 어떻게 돕는지를 알아본다.
- 천사들을 주신 하나님께 감사하게 한다.
- 창조에 대한 성경의 가르침을 믿도록 한다.
- 죄의 심각성을 깨닫고 하나님을 사랑하는 삶으로 반응하도록 한다.

2단계 : 학습 목표에 도달하는데 필요한 기능이나 행동을 명료화하라

- 학습주제를 아이들의 삶에 연결시켜 주의를 모은다.
- 어린이들의 경험을 이야기해 보도록 한다.
- 성경을 윤독의 형식으로 읽게 한다.
- 어렵다고 생각하는 낱말을 노트에 쓰도록 한다.
- 낱말을 설명하면서 학습내용을 전개한다.
- 그림 자료나 슬라이드를 통해 성경의 세계를 시간적으로 보게 한다.
- 자연의 세계를 관찰한다.

3단계 : 학습 목표의 도달에 요구되는 기능이나 행동을 습득하기 위해서 어떤 접근법을 택하면 좋은가를 결정한다.

- 시각자료로는 무엇이 좋을까?
- 아이들이 토의로부터 문제에 접근하도록 할 수 있겠는가?
- 숫자 카드를 이용해서 크기의 개념을 이해시킨다.
- 우주 천체의 사진들을 보여준다.
- 자연의 느낌(아침에 떠오르는 해를 보았을 경우)에 대한 문장 짓기로 짧은 글을 만들어 보도록 한다.

이 3단계의 순서를 거쳐서 학습방법이 연구된다면 바람직하다. 사실, 우리 주일학교의 교육형편에서는 교구라든지 교육환경이 빈약하기 이를 데 없다. 또한, 성경학습이 많은 교구들이나 특정한 교육기술을 요구하지 않으므로 다양한 교수법의 활용만으로도 훌륭한 교수-학습이 일어날 것이다.

4. 교수전개와 학생들의 참여

모름지기 효과적인 교수법이란 아이들로 하여금 적극적으로 학습에 참여하게 만드는 기술이라고 본다. 미국 '복음주의 교사훈련협회'의 교사훈련 프로그램에서 젠킨스는 효율적인 교수 방법이란 바로 아이들 중심의 접근방법이라고 강조하였다. 그에 따르면, 교사가 중심이 된 교수법은 학습이 이루어지기 위해 아이들이 정신적으로 참여하는 것이지만 아이들 중심의 교수법은 학습방법에서부터 아이들에게 다양한 활동을 제시한다고 하였다. 그러므로 학습 진행에 아이들이 정신적으로 또한 신체적으로 참여하게 되는 것이라는 것이다.

이어서, 그는 아이들이 학습에 직접적으로 참여할 때 획득되는 교수-학습의 유익을 명료하게 밝혔다: "학생들이 학습과정에 직접 참여할 때 몇 가지 장점이 있다. 아이들은 더 많이 배우고 분반을 즐거워한다. 그리고 다른 아이들과의 유대관계에서 서로 사귈 기회가 많으며 상호간의 기능이 발달되는 것이다. 또한 교사는 아이들을 관찰하고 유대관계를 가질 수 있는 기 회가 더 많다."

교사가 중심이 된 교수법보다는, 아이들이 학습 진행에 적극적으로 참여할 수 있는 학생 중심이 된 교수법이 더 효과적이다.

따라서 가능한대로 우리는 아이들이 학습에 다양하게 참여할 수 있는 교수법을 선택해야 한다.

임영택은 아이들의 학습참여 활동과 각각의 활동에서 획득되어질 수 있는 학습경험의 관계를 도표로 그렸다.

여기서 학습경험이 강하면 강할수록 학습효과가 크다는 것을 알 수 있을 것이다. 언어활동에 따를 때의 학습효과에 비해서 생활의 경험에 의한 학습효과는 최대치로 극대화된다.

그렇지만 학습경험을 풍부하게 하는 방법들이 무조건 최대의 학습효과를 낳는 것은 아니다.

'종교교육' 이라는 책에서, 햄(H. M. Ham)은 '교회학교와 교수의 기법' 이라는 내용의 글을 통하여 교수-학습활동을 수업에 적용할 때 검토해야 하는 기준을 제시하였다. 편의상, 임영택이 옮긴 글 중에서 다시 인용해 본다.

- 활동에는 모든 학생들이 골고루 참여하는 기회가 제공되어야 한다.
  한 사람의 활동은 타인에게 흥미와 자극을 줄 수 있지만 동시에 분열도 일으킬 가능성이 있다.
- 참여된 활동에는 용기를 부여한다.

- 능동적으로 참여하는 활동이 되게 창의적인 분위기를 조성한다,
- 학생이 창의력을 표현할 수 있는 다양한 활동이어야 한다.
  계속해서 반복되어 싫증을 내는 방법은 지양하여야 한다.
- 만일 새로운 활동이 소개될 때는 만족해 할 만한 설명이 있어야 한다.
  그 방법의 가능성을 충분히 적용하도록 설명되어야 한다.
- 교수 목적을 이루는데 적합한 활동이 채택되어야 한다.
  무엇이 학습결과를 이루는데 적용될 수 있는 활동인가를 찾아야 한다.
- 각 활동은 학습경험의 연속성과 발전을 이루는 것으로 선택하게 한다.
  학습활동은 점차 다른 학습과 연결하고, 학생의 삶 속에 모이게 한다.
- 학생들의 경험과 관심에 초점을 두어야 한다.
  어린이들에게는 심리학적 차원에서, 청년과 성인에게는 논리적인 차원에서 활동을 이끌면 효과적일 것이다.

햄이 제안하고 있는 이 여덟 가지의 기준은 당신의 아이들이 활동을 선택하는 작업에 좋은 길잡이가 되어 줄 것이다.

5. 공과학습에 이용될 수 있는 교수법들

1) 강의법

신앙을 위한 교수방법에는 아무래도 성경과 교리로 말미암은 지식의 전달이 강조된다. 그것은 학습자가 성경적이고 신학적인 지식을 형성하는 것이 중요하기 때문이다.

만약 이러한 지식이 없다면 성경을 의미 있게 읽을 수 없을 것이고, 더 나아가 자신의 삶과 세계를 신학적인 관점에서 해석할 수 있는 인지도식을 형성하지 못한다.

학습자가 성경에 대하여, 신학적 사고에 대하여 기초적인 지식을

갖는다는 것은 중요하다. 강의법에 의한 공과학습은 학습자에게 중요한 지식을 전달해 줄 뿐만 아니라, 그 지식은 학습자들이 그들의 신념을 형성하고 그것을 강화시키는데 도움을 주게 된다.

① 강의법의 장점

강의법은 여러 교수법 가운데서 가장 널리 보편화된 방법이다. 또한, 역사적으로도 가장 오래 전에 발전한 방법이다.

강의법의 본질적인 특성을 이해하고 교육목적에 맞게 적절히 활용될 때, 효과적인 교수법이 된다. 고대 희랍의 아카데미에서부터 애용되어 지금까지도 주된 교수법이 되고 있는 이유는 강의법이 갖고 있는 장점 때문이다.

- 주제에 대한 흥미를 자극하면서, 동시에 빠른 시간 안에 학습자에게 많은 정보를 전달할 수 있다.
- 사람들을 정서적으로 감동시켜서, 그들의 내적 대화에 생동감을 주고 보다 깊은 헌신으로 나아가게 할 수 있다.
- 기독교 신앙의 많은 측면들이 고도로 단순화된 미디어의 형식으로 전환되는 데에는 한계가 있기 때문에 강의는 적은 비용으로 효과적인 결과를 얻을 수 있다.

좋은 강의는 학습자에게 가장 중요한 정보가 무엇인가를 구별할 수 있게 해준다. 좋은 강의법은 학습자가 갖고 있는 배경지식을 새로운 정보와 연결시켜 주며 강의가 진행되면서 제기되는 질문에 응답해 준다. 우리가 좋은 강의를 하기 위해서는 많은 노력과 기술이 요구되어진다.

오늘의 어린이(청소년)들은 이미 각종의 시청각 매체에 익숙해져 있다. 따라서 아무런 매체가 없이 강의로만 학습을 한다고 할 때,

주의집중에서 문제가 생긴다. 그들의 주의집중 간격은 10분을 넘지 못한다. 이러한 상황 속에서 강의를 잘한다는 것은 어려운 일이므로 강의를 위해 준비하고 전달하는 독특한 접근방법을 찾기 위해서 계속 노력하고 훈련해야 한다.

② 강의법의 단점

강의법은 교사가 일방적으로 내용을 전달하기 때문에 교사와 학습자의 상호작용이 어렵다. 또한 강의를 통해 들은 지식이나 정보의 인식률이 낮기 때문에 비효과적인 교수방법으로 생각될 수 있다.

③ 강의를 위한 교안의 준비

강의란 학습자들이 이미 획득된 정보를 파악하고, 그것에 기초하여 새로운 지식을 전달하는 것이다. 여기서 학습자의 직접적인 삶의 경험은 이미 획득된 정보와 새로운 정보를 연결시켜 주는 접촉점이 된다. 교사는 학습자의 예비지식을 평가하여 적절한 조직원리에 따라 강의를 조직해야 한다. 일반적인 원리는 학습자들이 이미 알고 있는 것에서 출발하여 학습자들을 새로운 방향으로 이끌어 가는 것이다.

- **문제의 중심** : 문제제기에서 시작하여 그 문제를 해결하는 방법
- **분류체계의 중심** : 연대기적인 순서, 공간적인 순서, 영역의 크기, 쉬운 내용에서 어려운 내용으로, 단순한 내용에서 복잡한 내용으로
- 이슈의 한 면을 제시한 후, 그 반대되는 면을 진술하고 나서, 가능한 해결책을 제시한다.
- 익숙한 생각이나 경험에서 시작하여 그것을 비판적으로 고찰하고 나서 그것을 낯선 것으로 만든다.

- 새로운 정보를 말한 후에 그것을 삶에서 적용할 수 있는 방향으로 이끌어 간다.

서론

학습자들과 친화관계를 형성하고 주의를 집중시켜서 강의가 계획대로 진행되도록 방향을 잡아준다. 유머와 예화를 사용한다. 서론에 포함되는 도입부분은 강사가 학습자로 하여금 이미 갖고 있는 지식을 기억하고 강의에서 얻게 되는 새로운 정보를 받아들일 수 있도록 준비하게 한다.

본론

전달할 내용으로 선정된 기본요점들로 강의의 일반적인 골격을 만든다. 그 다음에 부수적인 요점들과 실례들을 보충한다. 제시방법은 주의집중을 위하여 발제의 형식을 3-4분 간격으로 바꾸는 것이 바람직하다.

개념의 설명, 이야기나 예화, 질문이나 논평, 시청각자료 등의 사용

주기적인 요약과 과도기적인 진술

주기적인 요약은 강의의 각 부분들을 연결시켜 준다. 요약이란 지금까지 다루었던 자료들을 간추린 형식으로 개관하고 앞으로 다룰 자료들을 지적해 준다. 이 때는 새로운 정보를 제공하는 것이 아니다. 운동시합에서 갖는 짧은 타임아웃과 같다. 과도기적인 진술은 요약의 한 부분으로서, 앞으로 다루어질 요점이 이미 살펴본 내용과 어떻게 연결되는가에 대한 설명이며, 예고편이다. 학생은 과도기적인 진술에서, 앞으로 제시될 내용을 보다 명확하게 이해하게 된다.

결론

강의가 목적지에 도착했음을 알려준다. 학습자가 교실을 떠날 때 학습내용을 그 마음에 담고 가며, 다음 시간을 기대하도록 한다. 결론을 맺는 방법으로는 중심요점을 개관하면서 마지막 요약, 질문을 남겨놓는 것, 일상생활과 연결시킬 수 있는 방법을 찾게 하는 것 등이 있다.

2) 질문법

교사와 학생의 수업분위기를 강화해 주는 교수법의 하나가 질문이다. 질문법이란 질문과 대답에 의해서 전개되는 학습활동이다. 교수법에서 있어서 이 방법은 오랜 역사를 갖고 있다. 고대 기독교

의 교리문답, 소크라테스의 문답(산파법, 반문법), 중세시대의 문답학교을 통해 발전되어 왔다. 최근에는 다른 교수-학습방법과 더불어 개발되어지고 있다.

이 질문법은 교사와 학습자 사이의 상호작용을 전제로 한다. 교사의 질문에 대하여 학생이 답변하고, 학생의 질문에는 교사가 답변하는 지도과정을 통하여 학습에 대한 상승작용을 가져온다.

- 학생들의 수업과제에 대한 주의를 집중시킨다.
- 학생들이 수업에 참여하는 과정에서 사고작용을 촉진하도록 한다.
- 비판적이고 올바른 이해를 갖도록 한다.
- 질문은 어떤 문제에 대해 알고자 하는 의욕과 호기심의 내적 충동을 자극한다.

질문을 사용하는 기술은 공과학습의 지도에 있어서 뿐만 아니라, 모든 학습의 요인이 된다. 그리고 그것은 교육활동을 이루어 주는 기초가 되는 방법이다. 우리는 질문을 사용하여 교수-학습의 현장으로 상호작용을 풍부하게 초대할 수 있다. 질문은 가장 싼값을 지불하고 선택할 수 있는 교수법이다. 교사가 던진 질문의 숫자만큼 아이들의 공과공부에 대한 의욕은 고조된다.

공과학습이나 학생과 대화를 할 때, 그들이 질문에 잘 대답하게 하려면 어떻게 물어야 하는가? 어떤 교사들은 주로 단답형의 질문만을 한다. 그런 교사는 흔히 다음에 말하는 한 교사의 경험을 알기 때문에 그렇게 하게 되었을 것이다.

실제로, 한 여교사가 자기 반 학생들에게 생각을 많이 해야 하는 문제를 냈다. 그러자, 갑자기 반의 아이들에게는 무거운 침묵만이 흘렀다. 그녀는 교사 지침서에 씌어있는 대로 인내로 기다렸다(규칙-학생의 침묵을 겁내지 마라). 한참을 기다렸지만 학생들에게서는 아무 반응도 없었다. 여교사는 갑자기 초조함을 느꼈다. 그래서 자기가 재빨리 대답하고 수업을 계속해 나갔다.

① 사고의 단계에 따른 질문의 구분(질문의 3단계)

정보의 기억 (remembering information)

여기에 필요한 정신활동은 사실들에 대한 기억이다. 그것들은 '조그만' 사실들일 수도 있다.

그리고 반대로 '큰 아이디어' 일 수도 있다. 비교적 쉬운 방법으로는 진위형이나 선택형으로 정답을 깨닫게 하는 방법이 있다. 또한, 약간 어렵지만 정답을 생각해 내어 맞히게 하는 단답형 문제도 있다.

- 1단계 사고에서 학습한 사실들에 대해 질문할 수도 있다.
- 2단계 사고에서 학습한 사실이나 개념들에 대해 질문할 수도 있다.

이처럼 사실을 기억하게 하는 교육을 보잘것없는 것으로 몰아치고 그 가치를 평가절하 시키려는 경향이 있는 듯하다. 그러나 그 누구도 사실들을 무시하거나 제거한 채 교육계획안을 세울 수는 없을 것이다.

사실 우리는 사고의 방향을 잡기 위해서라도 사실 단계의 학습은 반드시 필요한 것이다. 질문의 첫째 단계는 불룸(Bloom)의 '인식' (knowledge)단계와 통하는데 우리는 이를 학습 모델의 1단계라 부른다.

정보의 이해 (understanding information)

여기에 필요한 정신활동은, 지식에 대한 이해를 보여 주는 것으로 정보에 근거한다. 학생들은 자신이 습득한 정보에 의하여 생각하고 거기에 따라 행동한다. 어떤 단어를 다른 단어로 바꾸는 번역은 정보이해의 일반적인 방법이다.

관계는 이해를 나타내는 또 하나의 방법이다. 학생들은 일반화하고, 정의를 내리고, 서로 비교하고, 원인과 결과를 보여 주는 등의 여러 방식으로 사실들을 서로 관계지을 수 있다. 질문의 두 번째 단계는 불룸의 '이해력'(comprehension) 영역과 통하고, 학습 모델의 2단계다.

정보의 사용 (using informaion and understanding)

여기에서 필요한 정신활동은 논리적이고 창조적인 사고를 포함하고 있다. 학생은 자신이 배웠던 특정한 지식을 사용하거나 독창적이고 창조적인 사고를 통해 문제를 해결한다. 단순히 지식이 결핍된 하나의 의견으로서가 아니라 건전한 지식과 학습의 터전 위에서 모든 것을 분석하고, 종합하고 판단을 내린다.

2단계의 질문 가운데서 어려운 질문과 3단계의 질문 가운데서 쉬운 질문 사이의 희미한 경계선은 바로 이 마지막 특징에 의해 결정이 된다. 즉 학생이 올바른 판단을 내리는 등의 사고 속에 무엇이 포함되어 있는가 하는 점이다. 3단계에서 학생은 단순히 그의 의견을 자신의 판단으로 제시하는 것이 아니라 판단의 표준에 대한 필요성을 인식하고 자신의 판단을 판단의 기준에 따라 정상화해야 한다는 사실을 깨닫고 있다.

결정적으로, 학생 쪽의 창조력을 요구하는 질문들은 그 희미한 경계선 위에 있게 된다. 일반적인 유형은 학생의 거짓 없는 삶의 상황을 읽은 것이고, 학생이 무엇을 해야 하는가를 묻는 것이다. 학생 자신의 현재 사실적인 삶의 상황이라면 더욱더 좋은 것이다.

'성경을 배운다는 것은 학생의 행동, 사고, 혹은 내적인 삶에 어떠한 의미를 지니고 있는가?' 이것이 곧 3단계에서 해야 할 과제다. 이 일을 위해 학생은 우선 성경의 원리를 철저히 간파할 필요성이 있다.

1단계와 2단계에서의 학습이 충분히 이루어져야 한다. 그렇지 않고는 그 질문이 진정한 의미에서 3단계의 질문이 될 수 없다. 그것은 단지 깊이 없는 사고와 무의미한 정답을 제공해 줄 따름이다. 이런 3단계의 형성은 시간을 요한다.

3단계 질문의 또 하나의 유형은 종합이다. 그리고 3단계 질문의 또 다른 유형은 평가다. 이러한 세 번째 단계의 질문들은 불룸의 적용, 분서, 종합, 그리고 평가의 영역과 상응하고 있다. 우리의 학습단계에 있어서는 대체로 2단계와 상응하나 그의 목적은 3단계에 이르는 것이다.

②수업의 현장에서 효과적인 질문을 하는 요령

교수법으로서의 질문은 적어도 소크라테스 이래로 오늘날에 이르기까지 대단히 중요하게 인식되어 있다. 질문을 적절히 이용해서 가르치는 교사는 현명한 교사가 될 것이다. 질문법의 장점은 교사가 반의 학습자들과 접촉할 수 있는 기회를 주며, 학생의 이해 정도를 검사할 수 있도록 한다.

교사는 학습의 현장에서 수업 이전의 경험 위에 새로운 재료를 보충하고 새롭게 해석해 줄 수 있다. 또한, 질문을 통하여 학습과제에 대한 학생의 관심을 끌고, 호기심을 불러일으키며 흥미를 자극할 수 있다. 그리고 목표성취의 정도를 알기 위하여 사용할 수 있다. "오늘의 이야기에서 가장 인상에 남는 두세 개의 주제를 선택한다면 무엇일까?" 이 같은 질문은 내용의 요약이나 결론을 유도하므로 목표성취의 정도를 알아보는 데 유익하다. 질문을 사용하는 교사의 바람직한 자세는 다음과 같다.

- 각 질문의 차이점을 분명히 알아서 어떤 형태의 질문을 하고 있는지를 본인이 잘 알아야 한다.
- 다양한 형태의 질문을 하여야 한다.
- 전체 학습자를 향하여 한다.
- 학생의 응답에 긍정적인 반응을 보인다.
- 한 번에 여러 가지 질문을 하지 않는다.
- 질문을 한 후에, 질문에 대하여 생각할 시간을 학습자에게 주어야 한다.
- 대답에 대한 교사의 질문은 친절하고 그 대답을 존중하는 자세이어야 한다.
- 학생이 서로 간에 그리고 교사에게 질문하도록 도와준다.

③ 학생들이 대답을 유도하는 질문의 요령

공과학습의 자리에서 교사의 질문에 학생들이 잘 대답하게 하려면 어떻게 물어야 하는가? 질문법은 교수-학습의 여러 방법들, 즉 강의, 이야기, 시청각, 토의 등과 함께 사용될 수 있는 효과적인 방법이다. 특히 질문법은 학습에 대해 주의를 집중시켜 사고할 수 있도록 격려하며, 학습을 평가하는 면에서 기여를 한다.

효과적인 질문의 기술을 배운다면, 우리의 학습에 도움이 될 수 있다. 대답을 잘 안 하는 반 아이들일지라도, 학생들이 다음의 원칙을 이해한다면, 대답하게 된다.

- 질문의 내용을 이해한다.
- 대답해야 하는 내용에 대하여 생각할 시간이 있다.
- 침묵이 흘러도 선생님이 기다려 준다는 것을 안다.

"아니야, 현석이 대답은 틀렸어, 누구 다른 사람이 대답해 볼까?" 우리는 얼마든지 이렇게 말할 수 있다. 그러나 학생의 답변에 대하여 이렇게 깎아 내리면 영원히 그의 입을 다물어 버리게 할 수도 있다. 이렇게 하지 않고서도 대답할 수 있게 하려면 어떻게 질문해야 하는가?

되풀이 질문

학생들이 질문에 침묵을 가지고 있을 때에 그들이 질문을 완전히 이해할 수 있도록 원래의 질문을 한 번, 두 번, 혹은 세 번 되풀이해 준다. 그렇게 하면 질문을 잊어버리지 않고 생각할 시간을 갖게 한다.

뒷받침 질문

학생들이 강의의 흐름을 따라오지 못하는 것 같으면, 질문을 통하여 그들을 끌어올릴 수 있다. 학생들이 보다 기본적이거나 명백한 몇 가지 질문에 답하고 나면, 본래 주제를 다시 다룰 준비를 갖추게 될 것이다.

대답의 범위를 넓히는 질문

학생들이 불완전한 대답을 했을 경우, 하나 혹은 둘 정도의 다른 보충 질문을 해서 원래의 질문 배후의 중심적인 생각에 이르게 유도하는 것이다. 똑같은 방법으로 틀린 대답까지도 옳은 대답으로 유도할 수 있다.

'그럴 듯한데, 하지만 어떻게 하지?'

'그렇지. 그러나 좀 더 생각해 볼 수도 있을 거야?'

이러한 질문 기술을 조금만 연습하면, 우리는 이것을 수업 시간에 활용할 수 있다. 이를 위하여 당신은 다룰 학과의 전개 과정을 확실히 알아야 한다. 그래야만 곁길로 빠지지 않고 바라는 곳에 이를 수 있는 창조적인 학습 활동을 할 수 있다.

3) 토의법

주일학교의 반이 학습하기에 좋은 주된 이유 중의 하나는 10명 안팎의 소그룹이 토의하기에 적합하기 때문이다. 주일학교에서 학생들을 대상으로 하는 전체적인 교육에서는 프로그램을 재미있고 유쾌한 프로그램을 계획하고 제시하는 데 중점을 둔다.

그러나 분반의 소그룹에서는 토의에 필요한 환경(분위기)을 조성하는 데 중점을 둔다. 한 주제를 가지고 2명, 혹은 10명이 토의를 하든지, 생기가 있는 토의를 통해 나타난 상호작용은 잠재적인 학습을 크게 향상시킨다.

① 토의법의 장점

토의로 말미암은 참여

각각의 청소년들은 토의를 통해 참석한다. 학습자들은 그들이 참여하기 때문에 배우는 것이다. 좋은 토의에서 단순한 방관자는 있을 수 없다.

학생들의 언어

주제는 학생들 자신의 언어로 토의가 진행된다. 그러므로 학생들은 그 주제를 스스로 표현하게 되고, 그렇게 할 수 있을 때, 그것을 더욱 잘 이해할 수 있다.

추상적인 진리를 구체적으로 함

청소년들은 토의를 통해 진공 속의 진리를 현실의 세계로 옮겨 놓는다. 그래서 그들이 듣는 것을 토의할 때, 그들이 살고 있는 현실 세계에 놓게 된다. 예를 들면, 청소년들은 '하나님은 사랑이시다' 라는 간단한 문장을 주의 깊게 조사하고, 시험해 보며, 질문해 본다. 그리고 여러 가지 관점을 통해 연구해 볼 수 있다. 그 문장이 정말 진리라면, 그런 조사는 살아남는다.

관심의 증가

관심의 수준이 증가하게 된다. 토의에서 발표된 견해의 다양함과 종종 일어나는 반박(대조)과 참여하도록 주어지는 기회로 인하여 그룹의 관심 수준은 증가하게 된다. 그리고 관심이 주어지는 기회로 인하여 그룹의 관심 수준은 증가하게 된다. 관심이 높아지기 때문에 기억도 오래 간다.

의사소통 기술의 향상

학생들은 토의에 의하여 의사소통 기술을 향상시킬 수 있다. 어느 누구나 세 가지, 즉 읽기, 쓰기, 관계 짓기를 배울 필요가 있다. 학생들은 기본적인 국어(모국어)를 가지고 말과 글로 어떻게 의사소통을 할 것인지 그리고 다른 이들과 어떻게 관계를 맺어가야 할

지도 배울 필요가 있다.

모든 삶은 의사소통을 포함한다. 우리가 그들에게 줄 수 있는 가장 큰 선물 중의 하나는 그들이 자신과 자신의 생각을 명확히 하여 서로에게 표현할 수 있는 기회를 주는 것이다.

사고의 증진

청소년들은 토의를 통하여 적극적으로 참여할 수 있다. 모든 것을 거저 받아들이기보다는 생각해 보고 질문해 볼 수 있다. 뉴스 해설가인 단 레터는 말하기를, "현대 사회에서 인간의 몸 조직 중에 가장 자극을 덜 받는 곳이 아마 두뇌 일 것이다"라고 하였다. 그가 말한 것이 맞을 것이다. 우리는 청소년들에게 어떻게 사고해야 하는 지를 가르쳐야 한다.

질문을 지나치지 않음

궁금한 것들이 질문되어지지 않고 지나가지는 않는다. 물론, 질문에 대해 답하지 않을 수도 있으나, 적어도 질문을 무시하지는 않는다. 청소년들은 토의를 통해서 그들의 느낌과 의문점, 질문을 표현할 수 있으며, 다른 사람들로부터 피드백을 받을 수 있다.

창의력의 증진

청소년들은 토의를 통해 창의력이 향상된다. 활발한 토의를 통해 진리를 연구하고, 문제에 대한 선택 한다. 그러므로 창의력을 증대시킬 수 있다.

공동체의식의 함양

토의를 통하여 반(그룹)에서 공동체의식을 함양시킬 수 있다. 학생들이 서로 서로에게 말할 때, 서로를 끌어당기며 더욱 잘 이해하게 된다.

학생들에 대한 이해

교사는 토의를 통해서 학생들을 더욱 잘 이해하게 된다. 왜냐하면 학생들이 그들의 생각과 견해를 이야기하기 때문이다. 교사는 그들의 성숙도와 책임감의 수준을 통찰할 수 있게 되며, 그리하여 더욱 효과적으로 그들을 지도해 나갈 수 있게 된다.

② 토의를 진행하는 요령

좋은 토의는 금방 되는 것이 아니라, 준비와 지도력이 요구된다. 만약 준비해야 하는 것을 잊었다거나 보충이 필요하겠다는 것을 느낄 때, 그것을 한다고 할지라도 그래보았자 잘 되지 않을 것이다. 잘 준비되지 않은 토의는 학생들에게 실망감과 지루함 그리고 종종 두려움을 주기도 한다.

좋은 토의는 논쟁도 아니며, 물론 무지의 집합도 아니다, 누가 가장 똑똑하게 말하는지 혹은 가장 충격적인 말을 하는지 보는 것은 아니다.

토의에는 승자도 패자드 없다. 학생들로 하여금 옳게만 말하도록, 또는 모든 옳은 답에 수긍(긍정)하라고 말할 필요가 없다.

그 대신에 토의는 방향성과 목적을 가지고 있어야 한다. 교사는 그 토의가 과정에 맞게 결론에 도달할 수 있게 의도적으로 이끌어 나간다. 좋은 토의는 일반적으로 다음의 단계를 따르게 될 것이다.

1단계 : 중대한 사건 혹은 소개

이를 때때로 토의 시작의 단계라고 부르는데, 이것은 영화, 역할극, 모의게임, 잡지기사, 드라마, 설교 또는 테이프가 될 수 있다. 대부분의 경우에 있어서 토의시작이 좋아야 토의가 잘 진행된다.

2단계 : '중대한 사건' 의 의미 파악

이는, "이 영화가 말하고자 하는 것이 무엇입니까?", "이 기사의 저자가 내리는 결론은 무엇입니까?" 등과 같은 질문을 하는 단계다.

3단계 : 그룹의 반응

여기에서는 중대한 사건 또는 이미 언급된 문제에 대한 그룹의 긍정적 또는 부정적, 이성적 그리고 감성적 반응을 알게 된다.

4단계 : 새로운 정보를 제공하기

이 단계에서 교사는 새로운 정보를 보충하거나 견해를 지지, 또는 반박하는 다른 자료를 제공할 수 있다. 토의의 주제를 다루고 있는 몇 가지의 성경구절을 읽을 수도 있다.

5단계 : 적용과 결론 모색

학생들은 가능한 한 의견을 일치시킬 수 있고, 또는 제시된 생각과 견해에 맞는 몇 가지 결론을 내릴 수 있다. 아마도 학생들은 해결책 및 몇 가지의 유용하고 있을 법한 선택을 생각해 낼 것이다.

6단계 : 결론 내리기

토의 마지막 단계에서는 어떠한 적용이 우리에게 적합할 것인지를 결정한다.

그 적용이, '우리 생활에 어떤 차이를 가져 올 것인가' 에 대한 답을 내린다. 학생들은 이런 질문을 통해 생각하고 또한 그들이 배운 것을 가지고 무엇을 해야 할 것인지를 결정할 기회를 갖게 된다.

학생들에게 '나는 ...을 배웠고' 또는, '내가 이번 토의를 통해 간직(기억)하고 싶은 것은...이다' 라는 문장을 사용하게 하는 것은 이 단계를 보다 용이하게 하는 좋은 방법이다.

어떠한 토의도 위의 6가지 단계가 제시하듯이, 그렇게 간단하거나 질서정연하고, 또는 잘 정제되지 않을 것이며, 그래서도 안 된다. 젊은이들은 종종 토의가 어디로 가야하고, 또는 물이 흐르듯 자연스럽게 진행되는 동안 학생들로 하여금 이미 예상된 의견에 따르도록 결코 강요하지 말라.

토의는 결코 무질서한 것이 아니다. 시작, 중간, 끝이라는 방향성과 목적이 있다는 것을 이해하는 것이 가장 중요하다. 토의에는 항상 미지수와 위험이 있다. 능력이 있는 교사는 어떻게 잘 조절하여야 할지 알아서 학생들이 경험을 통해서 새로운 아이디어를 발견하여 알 수 있게 할 것이다. 토의를 진행하는 기술은 경험을 통해 습득하는 것이 가장 좋다.

③ 교수법으로서의 역동적인 토의법

신앙은 그리스도를 통하여 사랑과 신실함을 보여주신 하나님과 맺는 신뢰의 관계다. 신앙이라는 입방체 중에서 가장 중요한 측면은, 기독교인이 살아있는 하나님과 형성하는 관계다. 그것은 살아있는 하나님과 맺는 역동적이고 개인적인 관계다.

사람들은 대체로 다른 기독교인들과 맺고 있는 관계에서 도전을 받고 지원을 받을 때, 하나님과의 관계 안에서 성장한다. 그렇기 때문에, 교회에서의 교육은 토의가 포함되어야만 한다. 토의에서의 주고받음은 우리가 더 풍성하고 보다 진정한 영성을 개발할 수 있도록 우리를 격려해 준다.

관계교육의 의의 : 가르침을 통하여 사람들이 하나님과 관계 안에서 성장하는 데 도움을 주는 일

- **관계교육의 목표** : 관계 속에서의 신앙의 성장과 활력을 주는 일
- **학습방법** : 신앙의 관계적 차원과 관계된 토의 진행법
- **학습자** : 소극적인 지식의 수용자가 아닌 적극적인 기여자
- **교사의 과제** : 대화 촉진의 방법 즉 토의 진행에 대한 이해와 기술의 습득

질문의 유형

토의진행에 있어서 가장 중요한 기술은 좋은 질문을 하는 것이다. 질문들은 토의를 시작하고 지속시켜주는 역할을 한다.

- **사실적인 질문** : 정보를 얻기 위한 것으로서 학습자의 기억에 저장되는 것
- **분석적인 질문(의미)** : 정보들을 분석하여 사실들이 내포하고 있는 의미를 분석하는 것.
- **생산적인 질문** : 정답을 추구하지 않는 개방적인 질문으로서, 학생들 스스로의 창의력과 상상력에 근거하여 답을 유도하는 것.
- **평가적인 질문** : 학생들로 하여금 어떤 것에 대하여 일정한 기준을 가지고 가 치판단을 요구하는 것(서로를 알게 한다. 무의식적 차원)

06_Steps

반드시 교안을 작성하여 준비하라

1. 성경을 공부하는 의미

만일, 어린이들에게 성경을 가르치려고 마음먹었다 치자. 성경의 무엇을 가르칠 것인가? 그리고 어느 것을 다룰 때, 성경을 가르쳤다고 할 수 있겠는가? 주일학교에서 학생들에게 성경을 가르치려면 교육내용 및 학습활동이 계획되어야만 한다. 이러한 계획이 없이는 교육할 수 없다.

어린이들이 배워야 하는 성경학습의 내용을 가르칠 수 있도록 구성한 것을 공과라고 한다. 기독교의 깊고 오묘한 진리, 기독교의 방대한 교리를 한 번에 가르치고 또한 한순간에 배울 수는 없다.

그래서 성경 66권을, 계획적인 교육-목적의식적인 교육-조직적인 교육 과정을 빌어서 교육하고자 짜 놓은 것이 공과다. 그러므로 우리는 공과공부를 통해서 체계적으로 성경을 가르치게 된다.

주일학교에서 공과공부를 한다는 것은 단순히 성경의 사실을 전하는 것이 아니다. 그러면 무엇일까? 성경의 사실에서 진리를 해석해 주는 일이 바로 공과를 가르치는 작업이다. 성경을 학습한다는 사실은 단순히 성경의 내용이 아이들의 '지식창고-정보창고'에 축적되는 것을 말하지 않는다. 성경을 학습하는 일은 성장, 즉 변화에 관계된 것이다. 따라서 교사는 학생들의 성장과 변화에 목표를 두고 수업을 계획하게 된다. 교사가 가르칠 때, 하나님께서는 학생들이 말씀 안에서 달라짐의 변화를 경험하게 하신다.

싸이즈모어(John T, Sisemore)는 말하기를, 성경을 배운다는 것은 하나님에 의하여 성장하는 것이라고 하였다. 교사의 교수는 성장을 촉진하는 진행이며, 학생들의 학습은 진행에 대한 결과다. 한마디로 줄인다면 교수는 아이들이 변화하도록 하는 것이며 학습은 변화를 촉진해 가는 것이다. 교사는 공과를 준비할 때, 학생들의 변화를 기대해야 하며, 어떻게 변화하도록 할 것인가에 대한 계획을 세워야 하는데, 교안이 바로 이와 같은 역할을 감당한다. 다시 말해서, 교안은 교사로 하여금 자신의 교수방향을 설정하게 하며, 학생들로 하여금 학습하는 내용을 알도록 한다.

순 서	시 간 (30분)
친교와 기도	2분
복습도입	5분
성경이야기 기도	12분
활동 성경읽기	3분
학생의 책 지도	5분
암송기도 폐회	3분

이때, 우리는 학습하는 순서와 시간을 고려하게 된다. 그래서 대개 교사들은 다음과 같은 형식으로 교수-학습을 진행한다.

한 시간의 공과 학습은 주어진 시간 안에서 잘 진행되어져야 한다. 그러므로 교안을 작성하는 일은 수업의 진행을 도와주는 이정표가 되는 것이다. 이것은 교사에게 있어서, '단순히 가르치고 배우는 환경에서 일의 방향을 예측하도록 도와주는 것' 이다.

교안은 교수-학습을 주도해야 하는 교사에게 길을 안내해 주는 지도와 같은 기능을 지니고 있다. 서성옥은 교안에 대하여 "가르칠 교재와 목적, 내용, 가르쳐 나가는 방법과 그의 평가 등을 계획해 놓은 예비안"이라고 진술하였다.

일반적으로, 교안을 학습지도안이라고 부른다. 그리고 교안을 학습지도안이라고 할 때, 여기에는 다음과 같은 요소들을 포함한다. 그것은 교수의 목적, 교수-학습의 과정, 학습자의 활동, 교수-학습의 진행시에 따라야 하는 학습 자료들, 또한 지도상의 유의점 등이다. 교사는 이 교안에 의해서 교수-학습을 예비하교, 교수-학습의 진행과 그 결과를 예측하게 된다.

교사를 위한 공과책을 그대로 들고 학생들 앞으로 가지 말아야 한다. 우리는 교사용 교재에 진술되어 있는 내용을 앵무새처럼 읊조리는 가르침을 해서는 안 된다. 교사로서 자신이 맡은 반의 학생들을 가르치겠다는 소명과 거룩한 책임으로 교안을 작성하도록 하자.

교안을 작성하는 목적은, 공과의 내용을 자기 반의 영적 요구에 맞게 하며 보다 구체적인 목적을 세우고 맡은 시간에 맞도록 시간을 연장, 신축시키는 동시에, 모든 활동을 계획하고 준비를 철저히 하기 위함이다. 처음에는 힘들지만, 계속해 보면 쉽게 작성할 수 있고 많은 유익이 될 것이다.

2. 교안은 왜 작성해야 하는가?

하워드 콜슨(H. P. Colson)은 유모어스러운 비유를 들어 교안이 교사에게 필요한 이유를 말하고 있다. 그에 따르면, '다윗은 사울이 무장하는 복장으로 골리앗과 싸울 수 없었다는 사실을 기억하라' 고 하였다. 교사가 공과를 교수-학습할 때는 자신과 자신의 학습에 알맞은 교수-학습을 계획하고 진행해야 한다는 것이다.

임영택은 그가 쓴 '교회교육 교수-학습론' 이라는 책에서, 성경이 아이들에게 전달되는 과정을 이렇게 설명하였다.

즉 하나님의 말씀은 커리큘럼의 구조에 따라 집필자가 학습할 내용을 작성하여 교재를 완성하고, 교사는 이 교재를 가지고 교수-학습의 진행을 위한 구체적인 설계라고 임영택은 교안의 정의를 밝혔다. 이것은 바로 교안이 교수-학습에 필요한 이유를 말하는 것이다. 그것은 임영택의 설명대로 '클래스 룸에서 학생들과의 참여를 통하여 학습의 목적을 어떻게 구상하여 효과적으로 진행하느냐에 대한 대답이 교안' 이라는 것이다.

위의 논리에 따르면, 교사들이 다루어야 할 공과 교재는 사울의 군복과 사울의 놋투구라고 하는 것이다. 다윗이 블레셋의 골리앗과 싸울 때 그에게 필요했던 것은 사울의 군복이 아니라, 시내에서 골라 주운 매끄러운 돌 다섯 개와 몰매였던 것과 같이, 교사에게 필요한 교재는 집필자에 의해서 쓰인 교재가 아니라, 교사 자신과 교수-학습이 일어날 상황에 알맞은 교재라는 것이다.

이것이 바로 교안이요, 이 교안 속에는 교사 자신도 교재로써 포함되는 것이다. 그러므로 교사는 집필된 교재를 자신 및 아이들 그리고 교수-학습이 진행되는 여러 조건들을 고려해서 자신의 학급에 맞도록 마련해야 하는 것이다. '교안은 왜 작성되어야 하는가?' 라는 물음에 임영택의 이와 같은 진술 이상의 답변은 없을 것이다. 콜슨도 동일하게 강조하고 있다.

"그날의 공과가 당신 자신의 것 그리고 당신이 가르쳐야 할 아이들의 것이 되기 위해서 당신은 교안을 작성해야 한다."

이제, 교안의 작성이 공과를 준비하는 교사에게 끼치는 유익을 알아보자. 우리는 교안의 작성이 교수-학습에 미치는 유익을 여섯 가지로 꼽아 볼 수 있다.

① 교사의 교수-학습이 일어나는 과정의 개념을 증진시킨다.

② 교사에게 가르치려는 내용의 목적을 분명하게 해주고, 매시간의 (단위학습) 공과를 관련시키도록 도와 줄 것이다.

③ 교사 자신이 성서적인 자료의 배경에 넓어지도록 이끌어 줄 것이다

④ 가르치고자 하는 공과의 단원에 대한 내용이나 문맥에 대한 교사의 이해를 증진시킨다.

⑤ 적절한 학습활동의 조직이 단순화되게 한다.

⑥ 교사에게 공과의 계획을 세우는 동안, 진리를 찾는 모험을 하도록 한다.

이와 같은 유익 말고도 교수-학습은 언제나 새로운 일, 처음으로 맞는 것인 까닭에 조심스럽게 준비해야 하는 것이다. 즉 교사인 당신이 아무리 여러 번, 아니 몇 년 이상을 교사로 가르치는 사역을 담당했을 지라도 당신이 단위학습을 통해 진행하고자 하는 교수-학습이 진행되는 상황은 전혀 예측할 수 없는 새로운 것이다. 이와 같은 사실만으로도 우리는 교안을 작성해야 하고, 교안은 교수-학습의 방향을 설정해 주며, 적절한 방향으로 컨트롤해 주어 당신의 조력자가 된다는 사실을 잊어서는 안 될 것이다.

3. 공과학습의 진행과 교안

학습이 일어나는 교실에서 교안은 무엇인가? 이것을 밝히는 작업은 교안이 결정적으로 교수-학습에 미치는 영향을 이해하는 것이다. 교안에는 공과의 중심 진리가 확인되어 있고, 아이들의 학습을 위한 활동이 요약되어 있으므로 사실상 교수-학습의 방향이 제시되어 있는 것이다. 즉, 교안은 곧 그날의 단위학습에 대한 방향제시인 것이다.

교수-학습의 내용은 교안의 실제일 뿐이다. 따라서 교사의 성실한 교안작성은 곧 성실한 교수-학습의 진행이다. 여기에서 우리는 교안이 학습을 충족시킨다는 사실을 인지하게 된다.

교사는 교안을 작성하면서 학습에 필요한 자료나 어떤 요소들을 고려하게 되고 보다 우수한 학습활동을 설계하고자 자극을 받게 되므로 성실한 교안이 작성되게 되는 것이다. 그리고 이와 같이 마련된 교안의 도움으로 비로소 교수- 학습이 훌륭하게 전개된다.

싸이즈모어는 교실에서 교안이 사용되는 사항들을 요약하고 있는데, 내용별로 간추려 보자.

① 교안은 교사의 교수진행에 있어 보조자가 되어 준다. 교사는 교안의 안내를 받으며 교수- 학습을 전개할 수 있는 것이다.

② 교안은 교사가 공과를 가르치는 일에 있어서 융통성을 부여해 주기 때문에, 교사는 교수하고자 하는 내용의 길이나 강조해야 하는 부분에 대하여 자유롭게 선택할 수 있다.

③ 교안은 공과를 가르치는 시간, 즉 교수-학습의 진행시간에 대하여 융통성을 부여한다. 즉, 교사는 교안에 의하여 교수-학습의 진행을 빠르게도 할 수 있고 반면에 천천히 할 수도 있는 것이다.

④ 교안은 교사에게 학습조건의 상황에 따라 교수-학습의 내용을 조정할 수

있는 힘을 제공해 준다.

⑤ 교안은 공과의 내용에 있어서 교사나 아이들에게 지난 시간의 과와 앞으로 학습하게 되는 과에 대한 관계를 강화시켜 준다.

1) 무엇이 포함되어야 하는가?

일반적으로 초등학교 또는 중, 고등학교 교사들에게는 교육부나 교육위원회로부터 교안의 양식이 제공된다. 그러나 주일학교에는 교안을 작성하는 일정한 양식이 없다. 필자는 학습현장에서 사용되는 교안을 알아보기 위해서 교과별로 몇몇의 주일학교를 방문해 보았는데 그 내용이 모두 달랐다. 이를 유형별로 나눈다면 다음과 같다.

① 단순형

본 교시의 학습시간인 오늘의 교수-학습을 중심으로 작성하는 것이다. 성경의 주제, 오늘의 학습제목, 성경 본문, 학습목표 등의 개요와 본교시의 교수-학습을 실제로 진행하는 순서에 따른 도입, 전개, 정리를 쓰도록 되어 있다.

② 보편형

아주 단순하게 교수-학습의 개요와 교수-학습의 진행을 나누어서 작성하도록 되어 있다. 우선 개요 부분을 살피면, 교수-학습이 진행되는 날짜의 명기, 담임교사의 서명, 단원의 이름, 단원의 학습목적, 본교시의 제목, 본교시의 학습목표, 전교시와의 관계, 본교시의 성경본문, 교사와 아이들이 본교시의 학습을 위해 준비해야 하는 내용들을 쓰도록 한 것이다. 진행부분은 도입과 전개 및 정리순서로 작성하되, 각 항목마다 교사의 활동, 학습자료, 아이들에게 기대하는 활동에 대하여 쓰도록 하였다. 그리고 다음 교사의 교수-학습에 대한 계획, 본교시의 진행평가, 기타 따위를 쓴다.

③ 단위학습형

오늘의 교수-학습을 중심으로 교안을 작성하는 형태를 말한다. 여기에서도 개요와 진행으로 구분되는데, 개요에는 오늘의 학습에 대한 학습내용의 제목과 성경본문은 도입, 내용전개, 정리의 순서로 작성하는데, 각 항목은 학습내용의 요약, 교사와 아이들의 학습활동, 준비물, 소요되는 시간, 비고(기타)를 쓰도록 하였다. 시간의 표기는 교사가 교수-학습을 진행하는데 속도를 조정할 수 있도록 도와 줄 것이다. 끝으로, 그날의 교수-학습에 대한 평가와 다음 주(차시)의 학습에 대한 예고를 적는 것이다.

④ 복잡형

단원을 중심으로 단위학습의 내용을 다루고 있어, 다른 교안들보다 복잡하다. 그러나 단위학습이 모아져서 단원의 학습이 되는 것이기에 다소 장황한 느낌이지만 그날 치의 교안만으로도 학습에 대한 포괄적인 이해가 있도록 한다. 이 형태는 현재 대한예수교장로회(고려파)에서 사용하고 있다.

우선 학습의 개요를 다루는 부분에서는 단원의 이름, 단원의 학습기간, 단원에 대한 교사의 준비(성경본문의 정독, 교재의 파악, 참고서의 독서 등)를 세밀히 쓰도록 하였다. 또한 단원의 목적 및 전교시, 본교시 그리고 차교시의 학습진행 내용을 살피게 하여 전체적인 학습내용을 확인하고 오늘의 교수-학습이 진행되도록 한 것이 특징이다.

학습진행의 실제라고 할 수 있는 본교시의 교수-학습을 다루는 부분에서는 도입, 전개, 결론의 과정이 다른 단원들과 거의 같다. 다만 교사의 교수진행에 따른 학습자료에 대한 명기를 하도록 하였고 소요시간을 적도록 했다.

이어서 아이들과의 생활에 적용되는 부분을 고찰하도록 하였고 평가에 대한 체크가 있는 것이다. 이밖에 차교시 학습에 대한 예고나 준비물의 예시 등 다른 교안과 비슷하다.

2) 교안작성의 순서

교안은 주일학교에서 사용하는 양식에 따라 작성되는 내용들에 다소차이가 있지만 대개 여덟 가지의 기초를 지닌다. 단원과 본교시 교수-학습의 개요, 학습의 목표, 교사의 준비, 도입, 전개, 결론, 적용, 평가, 다음수업의 예고가 그것이다.

이들 여덟 가지를 어떻게 기록할 것인가? 공과의 한 과목을 예로 들어서 교안을 작성하는 순서를 알아보자.

만일 지금, 당신이 교안을 작성하고 있다면 당신이 사용하는 순서와 차이가 있을 수도 있음을 미리 밝힌다. 또한 필자가 다루는 순서가 곧 정답은 아니라는 사실도 밝힌다. '하나님의 은혜와 생활' 이라는 학년 주제의 공과 유년부 3학년 교재를 가지고 교안을 작성한다.

① 교수-학습의 개요

연월일

- 교수-학습이 진행되는 날짜를 기록한다.
- 2001년 8월 16일

단원명

- 단원의 제목을 옮겨온다
- 제3학기 단원 2-아름다운 가정

단원의 학습기간

- 해당단원을 학습하는 주일의 기간을 쓴다.
- 제31주-35주(5교시)

단원의 학습목적

- 해당 학기의 학습목표 가운데서 단원의 학습내용을 간략하게 기재한다.
- 아름다운 가정을 주제로 학습하는데 노아의 가정, 아브라함의 가정, 야곱의 가정을 살핌으로써 하나님을 사랑하고, 하나님의 축복을 사모하는 믿음을 본받도록 한다.

학습진행의 관계

- 전교시와 본교시 그리고 차교시에 학습하는 과목의 제목을 기재한다
- 전교시-하나님의 사랑에 감사하는 가정
- 본교시-하나님께 순종하는 믿음의 가정
- 차교시-친척을 위하여 기도하는 자

본교시 학습의 제목

- 해당 주일에 학습하는 공과의 제목을 옮겨온다
- 제32과 하나님께 순종하는 믿음의 가정

성경 본문

- 공과가 다루는 성경의 본문을 옮겨 온다
- 창세기 12:1~9

외울 말씀

- 오늘의 공과를 학습하면서 숙지해야 할 중심 구절의 성구 를 옮겨온다.
- 내가 너로 큰 민족을 이루고 네게 복을 주어 네 이름을 창대케 하리니 너는 복의 근원이 될지라(창 12:2).

학습 목표

- 공과교재에 명시된 학습 목표를 요점만 간추려 옮겨온다.
- 아브라함이 하나님께 순종하여 믿음의 조상이 되었음을 가르친다.
- 어떤 어려움 속에서도 하나님께 순종하는 삶을 살도록 한다.

"하나님께 무조건 순종하여 믿음의 조상이 된 아브라함의 믿음을 가르치고 역경 속에서도 순종하는 자세를 지니도록 한다" (따옴표 안의 내용처럼 교사 자신이 학습목표를 간추려서 하나의 주제로 집약한다)

② 교수-학습의 진행

도입

: 학생들이 성경학습에 관심을 집중하도록 하는 시간이다. 따라서 학습에의 동기를 유발하는 질문이나 작업을 한다.

도입의 내용 : 오늘은 하나님의 말씀에 순종한 믿음의 가정에 대해 공부하겠습니다.

도입의 교사활동 : 아브라함이 살았던 갈대아 우르 지역의 지도를 보여주고 질문과 대답의 시간을 갖는다.

도입의 학생 활동 : 학습의 내용으로 들어가기 위한 교사의 질문에 아이들이 대답한다. 이 대답은 그들로 하여금 학습동기를 강하게 한다.

도입의 학습자료 : 시청각 자료 및 교수에 따르는 보조 자료를 명시한다.

전개

: 성경진리를 학습하는 내용으로 공과 학습의 중심활동이다.

전개A : 아브라함의 가정은 하나님께 순종하였습니다.

전개B : 아브라함은 하나님의 말씀을 그대로 실천에 옮겼습니다.

전개C : 하나님께서는 아브라함을 축복해 주셨습니다.

전개는 교사가 주도하지만, 학생들은 전개에 참여하여 이야기를 하고, 그림을 그린다거나 창의적인 작업을 한다. 그러므로 교사는 전개에서 있을 아이들의 활동내용도 고안해야 한다.

③ 결론

결론의 내용

: 아브라함은 말씀대로 순종하여 믿음의 조상이 되었으며, 하나님은 순종하는 사람에게 축복해 주십니다.

결론의 교사 활동 : 성경학습 내용의 요점을 간추려 주고 진리에 반응할 것을 요청한다.

결론의 학생 활동 : 진리를 해석하고 그 진리가 나에게 무엇을 요구하는가에 대한 활동을 한다. 말로 다짐하기, 글을 옮겨 쓰기 따위로 진행한다.

④ 적용

적용의 내용 : 진리에 반응하는 삶에 대하여 고취시킨다.

적용의 활동 : 구체적으로 진리에 반응하는 자세를 다짐한다. 그리고 마음으로 약속하도록 이끈다. 이로써 학습의 내용을 아이들이 실생활과 연결시켜서 삶에 변화가 있도록 하는 것이다.

⑤ 평가

평가의 내용 : 본교시의 교수-학습에 대한 교사 자신의 확인이 되는 것이다. 교사는 평가 작업을 통해서 자신의 발전을 가져 온다.

평가의 활동 : 스스로 질문을 던지고 대답한다.

- 나 자신은 하나님의 말씀에 순종하고 있는가?
- 순종의 개념을 학생들이 분명히 이해하였는가?
- 적용부분에서 제시된 활동들을 통해서 아이들이 말씀에 순종하는 삶을

살도록 이끌었는가?

- 하나님의 부르심에 언제라도 대답하는 삶이기를 다짐하도록 하였는가?
- 나 자신은 지금 어떠한가?
- 제시된 학습자료들은 효과적으로 사용되었는가?
- 교수자료 및 고안된 학생들의 활동은 본과의 학습에 있어서 얼마나 효과적이었는가?
- 보다 나은 교수-학습의 방법은 무엇이겠는가?
- 오늘의 교수-학습에서 시정되어야 할 사항들이 있었는가?
- 나의 만족도는 어느 정도인가?

⑥ 다음수업의 학습 예고

교사의 준비 : 차시 학습에 이용될 교구로서 시각자료를 마련한다. 무릎을 꿇고 기도하는 그림과 불타는 도시의 그림을 챙겨야 한다.

학생들의 준비 : 심판에 대한 뜻을 알아보고, 불타는 도시들의 사진, 그림을 마련해 온다.

다음 시간에 배울 공과 제목을 기록하고 외울 말씀을 숙제로 내준다.

교안의 양식 〈예〉

1. 단원명 :
2. 단원의 학습기간 :
3. 수업일 : 년 월 일

4. 단원의 학습목적 :
5. 본교시 학습제목 :

6. 학습진행의 전후관계 :
   1) 전교시 제목(성경본문) :
   2) 차교시 제목(성경본문) :
   3) 요절 :

7. 본교시 학습목표 :
   1) ______________________________
   2) ______________________________
   3) ______________________________

8. 순서
   1) 도 입 : 친교와 기도, 복습, 도입
   2) 전 개 : 성경이야기, 기도, 활동실물, 성경읽기 등
   3) 정 리: 학생의 책, 지도, 요약, 다짐, 숙제, 요절암송
   4) 평가및 계획 : 결론, 적용, 평가, 차교시 예고, 준비물 안내

07_Steps

성령의 역사를 기대하며, 기도로 준비하라

1. 교사의 기도

저를 교사로 보내시어, 삶에 변화를 줄 수 있도록 하신 주님께 감사드립니다.
당신의 심정을 헤아리며, 당신의 본을 따라 가르치는 자가 되게 하소서.
효과적인 방법을 알고, 그리스도의 원리를 좇아 가르치게 하소서.
삶, 그 자체를 새롭게 만들 수 있도록 샘솟는 능력을 허락하소서.
거침보다는 부드러움으로, 성급함보다는 인내함으로 하게 하시고,
명철할 뿐만 아니라 지혜롭고, 공정할 뿐만 아니라 단호하며,
평범한 가운데 비범함을 지니고, 삶에 깊숙한 감동을 주는 자가 되게 하소서.
이는 그들의 가르침을 통해, 전능하신 당신의 손길이 미치기 때문입니다.
단지 길을 말해 주기보다는 학생들과 함께 걷는 교사가 되게 하소서.
바쁘고 지쳐 있을 때라도 시간과 힘을 아낌없이 주는 자가 되게 하소서.
몸소 본을 보이는 교사가 되게 하소서.
일방적으로 가르치기보다는 들을 줄 아는 교사가 되게 하소서.
허겁지겁 공과를 마치기보다는 학생들의 궁금증을 이해하고,
스스로 답을 찾도록 도와주는 교사가 되게 하소서.

교사가 본시의 수업을 위한 설계 작업을 준비하려면, 우선 '골방'으로 들어가야 한다. 여기에서 골방은 혼자 있는 곳을 가리킨다. 왜 골방으로 들어가야 하겠는가? 기도해야 하기 때문이다:

"너는 기도할 때에 네 골방에 들어가 문을 닫고 은밀한 중에 계신 네 아버지께 기도하라. 은밀한 중에 보시는 네 아버지께서 갚으시리라"(마 6:6)

하나님의 학교를 졸업한 사역자들은 은밀히 기도하는 것을 사모하였다. 사람은 방법을 찾지만 하나님께서는 사람을 찾으시기 때문이다. 우리가 학생들에게 성경을 가르치는 것은 지식을 전달하기 위함이 아니다. 그들이 하나님의 사랑으로 즉 온전한 사람이 되어 하나님 앞에 설 수 있도록 하기 위한 작업인 것이다. 이는 생명에 대한 것이다.

그런 까닭에 공과교수는 아무나 할 수 있는 일이 아니며, 세상에 속한 일이 아니다. 이 일은 가르치는 은사를 받은 '교사'가 수행하는 하나님의 일이다. 따라서 우리는 하나님의 일이, 하나님께서 보실 때 합당하게 이루어지기 위해 기도해야 한다. 교사는 공과교재를 연구하고 교과의 자료를 수집하는 그 모든 일보다 기도하는 일에 앞서야 할 것이다.

사실, 가르친다고 하는 사역은 기도하는 일로부터 시작된다. 아이들에게 성경을 이야기해 주는 것은 교수-학습의 한 부분일 뿐이라는 것을 잊어서는 안 될 것이다. 우리의 기도는 주크의 설명처럼 하나님의 장중에 붙잡힌 효과적인 도구가 되도록 한다.

하나님의 영에 굴복하고 그에 의하여 교사로서의 충만함을 받도록 기도하자. 이스라엘의 영도자 모세는 백성들 앞에 나서기 전에 사십 주야를 엎드려서 기도하였고 포로생활에서도 다니엘은 하루

세 번씩 무릎을 끓고 기도하였다.

우리는 베드로를 통해서 사역자들이 기도해야 한다는 교훈을 받을 수 있다. 베드로는 시간을 정해 놓고 지붕에 올라가서 기도했던 것이다. 기도를 간과한다거나 기도하는 것을 소홀히 하는 일은 교사에게 치명적인 것이 된다. 기도하는 교사이어야만 공과학습을 성공적으로 수행할 수 있다.

기도를 가볍게 취급하지 말라. 당신이 기도를 가볍게 하는 만큼 당신의 교수-학습은 영에 속한 작업이 아니라 육으로 떨어지는 일이 되고 만다. 당신이 아이들을 사랑하는 만큼 기도하라. 당신이 교수-학습을 준비하는 만큼 기도하라.

2. 기도하셨던 예수님-기도하지 못하는 우리들

교사 중의 교사가 되시는 예수님께서는 기도에 힘을 기울이셨다. 그는 3년 반의 시간 동안 일하시기 위해서 30년의 세월을 준비하셨는데, 우리는 이 30년을 예수님께서 기도하신 기간이라고 볼 수 있다. 특히, 우리를 주목하게 하는 것은, 예수님께서 세례를 받으신 다음에 곧 사역을 시작하시지 않고 광야로 나가셔서 40일 동안 기도하셨다는 사실이다. 이 기도는 그의 사역에 밑바탕이 될 영적인 준비다.

그밖에도 예수님은 늘 기도하셨다. 그는 복음을 전파하기 전에 새벽기도로 자신의 사역을 준비하셨다 : "새벽 오히려 미명에 예수께서 일어나 나가 한적한 곳으로 가사 거기서 기도하시더니"(막 1;35).

예수님은 기사와 이적을 행하실 때도 먼저 기도부터 하셨다. 그는 기도로 시작하고 기도 안에서 일하셨다: "돌을 옮겨 놓으니 예수께서 눈을 들어 우러러 보시고 가라사대 아버지여 냄 말을 들으신 것을 감사하나이다. 항상 내 말을 들으시는 것을 내가 알았나이다. 그러나 이 말씀하옵는 것은 둘러선 무리를 위함이니 곧 아버지께서 나를 보내신 것을 저희로 믿게 하려 함이니이다.(요11:41,42).

예수님께서는 이렇게 기도하신 다음에 죽었던 나사로를 살려내셨다. 바울 사도는 '맡은 자가 구할 것은 충성' 이라고 하였는데, 충성하기 위해서는 기도가 필수적인 일인 것이다.

교사는 공과 준비를 위해서 기도해야 하겠고 교수-학습의 진행을 위해서 기도해야 한다. 우리가 다루는 교과는 생명을 살리는, 생명과 관계있는 공과인 만큼 기도해야 한다. 우리는 지금 기도를 강조하고 기도의 중요성을 살피고 있는데, 교사들은 누구나 기도해야 함을 알고 있다. 그럼에도 불구하고 기도를 제대로 지속하지 못하고 있다.

당신도 기도하지 않았던 때가 있을 것이다. 어느 때는 급한 마음으로 공과의 내용만 살펴서 아이들에게 성경이야기를 들려 준 경우도 있었을 것이다. 그러면, 왜 기도하지 못하는가? 우리들은 기도를 방해하는 요소들을 명확히 찾아내어 제거시켜야 할 것이다. 그래서 늘 기도하는 습관을 지속시켜야 한다.

1) 분주함

교사들이 기도하지 못하는 이유들은 대개 분주함 때문이라고 할 수 있다. 어쩌면 마르다처럼 '준비하는 일이 많아 마음이 분주해서 기도할 틈을 얻지 못하고 있는 것이다.

우리가 살아가는 이 세상은 참으로 분주하다. 해도 해도 또 해야 할 일들이 산적해 있다. 우선 살아가야 할 일차적인 문제의 일들로 분주하고 취미라든가 친구들과의 교제 등으로 바쁘다. 성경에서 묘사하고 있는 바와 같이 "농사짓기에 분주하고 가축 기르기에 바쁘며 시집가고 장가가는 일에 머리를 쏟아" 다른 것을 미처 생각하지 못하는 것이다. 아침에 일어나서 잠자리에 들기까지의 하루를 살피면 너 나할 것 없이 모두들 여러 가지 일과에 매여 있는 것을 알게 된다.

그런데, 문제는 그러한 일들 속에 기도가 포함되어 있지 않다는 사실이다. 참으로 바쁘다는 핑계로 기도하지 않는 사람은 한가해진다고 해도 기도하지 않는다. 그때는 그때대로 이유가 따르기 마련이다. 따라서 세상의 일에 너무 마음을 두지 말고 기도하는 한적한 시간을 갖도록 힘써야 한다.

2) 게으름과 피곤함

교사들이 기도하지 못하는 또 하나의 이유는 게으름 때문이라고 할 수 있다. 아침에 조금만 일찍 일어나도 기도할 수 있을 텐데, 그렇게 하지 못하고 있다. 겨우, 아침의 일과에 맞추어서 일어나는 까닭에 학교에 갈 준비 또는 직장으로 출근할 준비에 부산을 떠는 것이다,

오늘을 살아가는 사람들은 모두 피곤해 있다. 삶의 구조가 사람을 피곤하게 만든다. 사람은 피곤하면 자야 한다. 겟세마네 동산에 오르신 예수님께서는 그의 사랑하시는 제자들에게 시험에 들지 않도록 깨어 기도하라고 하셨다. 그럼에도 불구하고 제자들은 기도하지 못하고 잤다. 그들은 한 시간 동안도 깨어 있을 수 없었다. 그

들은 눈이 피곤해서 잠을 잤던 것이다.

마귀는 교사들을 피곤으로 유도한다. 교사들로 하여금 피로한 생활을 하도록 해서 기도를 방해하는 것이다. 마귀가 성도들의 생활을 분주하게 하고, 교사들은 당연히 그의 사역을 위해 기도해야 하는데도 그렇게 하지 못하고 있는 것이다. 그러므로 필요 없는 일에 너무 분주하지 않도록 해야 하겠다. 주님께서 말씀하셨다.

"너희는 한적한 곳에 와서 잠깐 쉬어라"

쉼은 바로 기도의 촉진제가 될 것이다.

3. 교사의 기도-자신에 대하여

공과를 준비하면서 교사는 무엇을 간구해야 할 것인가? 우리들이 구할 내용들은 많이 있지만, 교사로서 공과교수와 관련하여 특히 기도할 사항은 무엇이겠는가?

1) 죄의 고백

거룩하지 못한 자신을 깨끗하게 하기 위해서 죄를 자백하고 그리스도의 사유하심을 받아야 한다. 이사야 선지자는 자신이 망하게 되었다고 한탄하였으며9사 6:5), 바울 사도는 자신을 가리켜 죄인 중의 괴수라는 표현을 썼다.(딤전 1:15)

교사들은 세상에 속해 살기 때문에 죄를 짓게 된다. 아무리 거룩한 행실을 하려고 해도 구조적으로 악한 세상에 있으므로 행하려는 선보다는 악에 떨어지는 일이 많게 되는 것이다. 그래서 죄의 고백으로 우리는 늘 하나님 앞에서 사죄의 은총을 받고 심령을 새롭게 해야 할 것이다.

"우리가 죄를 자백하면 저는 미쁘시고 의로우사 우리 죄를 사하시며 모든 불의에서 우리를 깨끗게 하시느니라 '(요일 1:9)

그러므로 우리는 다윗을 따라 이렇게 간구해야 하겠다.

"내 모든 죄악을 도말하소서, 하나님이여 내 속에 정한 마음을 창조하시고 내 안에 정직한 영을 새롭게 하소서"(시 51:9,10)

자신이 죄인임을 고백하고 용서를 구해서 심령을 새롭게 해야 한다. 그리하여 거룩함을 회복하고, 깨끗해진 심령의 눈으로 성경을 연구해서 교과를 준비해야 하는 것이다.

2) 믿음을 위한 간구

교사의 믿음은 그가 교수하는 학습자들에게 그대로 전달된다. 아이들은 교사의 믿음 분량만큼 신앙을 소유하게 되는 것이다. 교사가 믿음이 충만할 때 그 믿음으로 성경진리를 이해하고, 그것을 아이들에게 가르쳐 줄 수 있게 된다.

하나님의 비밀은 신령한 눈으로만 볼 수 있다. 교사가 믿음이 충만하지 못하고 지성적으로만 호소하게 될 때 성경진리를 발견 할 수 없다 그는 한낱 문자적으로 성경을 이해할 뿐이다.

교사는 그 누구보다도 믿음의 사람이어야 한다. 그가 다루는 교재가 믿음의 가르침이요, 믿음의 진리이므로 믿음에 바로 서야 하는 것이다. 따라서 교사들은 이렇게 기도해야 한다: "내가 믿나이다 나의 믿음없는 것을 도와주소서(막 9:24). 교사가 믿음이 충만해서 성경을 연구할 때 진리에 대한 확신이 있게 된다. 이 확신은 교수-학습의 진행에 있어서 분명한 가르침이 되도록 한다.

3) 능력을 위한 간구

성경을 공부하는 것은 사람의 지식으로만 할 수 없는 일이다. 말씀을 가르치는 사역 역시 사람이 알고 있는 지식이나 수단에 의해서 이루어지지 않는다. 성경 자체가 성령을 요청하고 있으므로 성령의 지혜, 성령의 감동으로 말씀을 가르치고 배워야 한다.

초대교회의 사도들이 기도를 다했을 때, 그들에게 성령의 충만함이 임하여서 담대하게 하나님의 말씀을 전하였다.

이와 같이 교사들은 자신의 지식, 지혜, 방법보다는 하나님의 신(성령)에 의지해서 수업에 임할 수 있도록 기도해야 하는 것이다.

교사들은 능력이 있게 하나님의 일을 하고 교사로서의 사명을 감당하기 위해 간구해야 하는 사람들이다.

누구보다도 골방을 가까이하고 성령의 충만함을 기다리는 기도의 사람들이 되어야 하겠다.

4. 학생들을 위한 기도(1)—성장에 대하여

우리는 에베소서 1:15~24절에서, 바울이 에베소 교회를 위하여 간구하는 내용을 볼 수 있다. 이것은 에베소 교회의 성도들을 위한 도고인데, 교회를 목양하는 목자의 기도다. 이 기도문은 분반 사역자들이 학생들을 위하여 무엇을 기도하는가를 확인하게 해준다.

교사의 사역에 있어서, 가장 큰 힘이 되는 것은 기도다. 사도 바울의 옥중에서의 어려웠던 생활과 가택연금의 상태에서도 복음을 전하고 사명을 감당 할 수 있었던 힘은 기도에서 나왔다. 바울이 에베소 교회를 향하여 그들의 성숙을 바라보고 간구하였듯이 우리도 그렇게 해야 한다. 그러면, 바울의 기도를 구체적으로 살펴보자.

1) 하나님을 알게 하기 위한 기도

하나님을 아는 것은 인간의 지혜나 학문으로 되는 것이 아니다. 그 이유는, 하나님은 영이시기 때문이다(요 4:24).

학생들에게 있어서, 그들이 하나님을 아는 것이 가장 큰 영적인 복이다. 기독교는 처음부터 하나님께서 지혜와 계시의 정신을 주심으로써 하나님을 알게 했던 종교다. 마태복음 16:7절에는 베드로의 신앙고백을 듣고 주님은 칭찬하시면서도 "이를 알게 한 이는 혈육이 아니요 하늘에 계신 내 아버지시니라" 하셨다.

사람에게는 세 가지 종류의 눈이 있다고 한다. 먼저 자연을 볼 수 있는 육적인 눈이다. 또한, 인간은 학문적인 눈, 혹은 이성의 눈을 가지고 있다. 이를 통하여, 생각을 하고 학문을 익혀 나간다. 그러나 육적인 눈이나 학문적인 눈을 가지고는 세상밖에 볼 수 없다.

'한 걸음 더 나아가, 인간에게는 영혼의 눈, 마음의 눈이 있다. 우리가 진리의 세계, 영의 세계를 알려면 마음의 눈이 밝아져야 한다. 영혼의 눈이 어두운 사람은 삶에 참 소망이 없다. 마음의 눈이 어두웠던 막달라 마리아는 부활하신 예수님이 옆에 계셨으나 슬퍼하였다. 눈이 밝아진 후에는 부르심의 소망이 무엇인지 알게 된다.

소망의 대상은 예수 그리스도다. 우리의 영의 눈이 어두울 때, 우리는 행복하지 못하다. 그 이유는 소망도, 기업의 풍성함도, 그의 능력도 보지 못하기 때문이다.

2) 마음의 눈을 열기 위한 기도

성도의 삶에 있어서, 제일 어려운 작업이 무엇이냐 한다면 하나님께 대하여 자신이 마음의 문을 여는 것이다. 학생 자신이 마음이 열리지 않으면 신앙생활을 하기가 어렵다. 그것은 신앙의 자리가 내 자신에게 있기 때문이다. 신앙생활은 나 아닌 다른 이들의 힘으로 되어지지 않는다. 누군가가 나를 위하여 기도해 주는 것으로 살고 있다는 착가을 버려야 한다. 만일 내게 믿음이 모자란다면 시험이 오기 쉽다.

그리스도인들에게 마음의 눈이 필요한 이유가 무엇인가? 마음의 눈은 하나님의 뜻을 밝히 알아보는 능력이 있기 때문이다. 마음의 눈이 밝아지면, 이전까지 제 고집과 주장을 따라서 살았다고 할지라도 그 순간부터는 주님의 뜻이 무엇인지를 알아차리게 된다.

바울은 마음의 눈이 밝아지기를 위해 기도하면서, 그 이유로 하나님의 뜻이 무엇인지를 알게 되기를 원해서라고 밝혔다. 열왕기하 6:14~17절을 보십시오. 아람군대가 이스라엘을 포위했을 때 마음의 눈이 어두웠던 게하시는 두려워 죽을 지경이었으나, 마음의 눈이 밝은 엘리사는 소망 중에 걱정이 하나도 없었다.

마음의 눈을 밝히 떠서 하나님의 부르심에 응답해야 한다. 그리할 때, 우리에게 풍성한 기업의 영광을 약속하셨다. 기업이라는 말을 다른 말로 하면 '상속' 이다. 지혜와 계시의 정신으로 하나님을 알고 마음의 눈을 밝히 떠서 부르심의 소망을 알 때 우리에게 약속하신 것이 '그 기업의 영광의 풍성함' 즉 '하나님의 상속' 이다.

바울은 지금 너희가 하나님의 상속자라는 것을 분명히 알라고 기도하였다. 우리는 모두 하나님의 상속자다. 그러므로 우리는 그리스도를 위해 잠시 잠깐 받은 '환난의 작은 것' 에 두려워 말고, 지극히 영광된 기업을 볼 수 있는 마음의 눈이 있어야 한다.

3) 교회를 아름답게 섬기기 위한 기도

우리는 교회에 대한 사랑을 가져야 한다. 주님의 교회에 소속되어 있다는 사실에 학생들은 자부심을 가져야 한다. 성도의 제일 되는 재산은 건물이 아니고 신앙의 재산이다.

개인의 삶이 잘 되려면 교회생활을 잘해야 한다. 사회와 나라가 번영하고 안정되려면, 그 사회나 국가에서 예수 그리스도의 교회가 부흥되어야 한다. 영국이 해가 지지 않는 나라라고 일컬어질 때는 빅토리아 여왕 때를 위시하여 하나님 중심, 성경중심, 교회중심으로 살아갈 때였다.

그런데, 세계에 그렇게 많던 식민지를 다 빼앗기고, 해가 지는 나라가 된 것은 이유가 있다. 한때, 영국의 부모들에게는 다음과 같은 말이 있었다. '가장 똑똑한 아들은 해군으로 보내고, 둘째 똑똑한 녀석은 육군으로 보내고, 가장 머저리 같은 녀석은 신학교로 보내라' 라는 것이었다. 그때부터 영국은 기울기 시작했고 해가 지는 나라가 되었다. 교회를 잘 섬겨야 한다. 그것이 학생들이 복받고, 그들의 가정과 민족이 사는 길이다.

5. 학생들을 위한 기도(2)–성숙함에 이름에 대하여

골로새 교회는 에바브라가 당시, 교회에 침투한 혼합주의적인 이

단들의 위험성에 놓여 있었다. 그래서 그 이단에 대항하도록 하기 위해서 바울은 이 서신을 쓰게 되었다. 골로새서는 로마의 옥에서 쓴 옥중서신 중 하나로서 A.D. 61-63년경에 쓰인 것으로 보이며 주제는 예수 그리스도가 '만물의 으뜸' 이라는 사상과 성도들의 가치관에 관한 가르침으로 되어 있다.

지금, 사도는 투옥 중에, 에바브라를 통하여 골로새 교회가 예수에 대한 믿음과 성도에 대한 사랑과, 하늘에 쌓아 둔 소망으로 자라 가고 있다는 소식을 들었다(1:5, 8). 이 기쁜 소식을 들은 그날부터 바울과 그의 동역자들이 골로새 교회를 위하여 기도하기를 그치지 않고 있었다. 바울은 이 편지를 시작하면서, 먼저 성도들을 위해서 간구하는 자신에 대하여 말하였다. 그칠 줄 모르는 그의 기도는 다음과 같은 것이었다.

1) 하나님의 참 뜻을 알기를 원하는 기도

바울은 로마서 12:2절에 "너희는 이 세대를 본받지 말고 오직 마음을 새롭게 함으로 변화를 받아 하나님의 선하시고 기뻐하시고 온전하신 뜻이 무엇인지 분별하도록 하라"고 하였다. 골로새 교회의 성도들은 세상 사리에도 밝아야 하지만 특히 하나님의 뜻을 바르게 알아야 하였다. 그래서 그는 이렇게 간구하였던 것이다.

하나님의 뜻을 아는 것은 신령한 지혜와 총명에 의해서만 가능하다. 그것은 경험적인 산지식을 가리킨다. 사도의 골로새 교회를 향한 기도의 본질과 최대 목적은 저들이 하나님의 뜻을 아는 것이라고 하였다. 그렇다면 교사의 학생들을 향한 기도는 하나님이 우리에게 귀를 기울이시게 하는 것보다, 그들이 하나님께 귀를 기울이는 것이어야 한다.

시편 기자도 말하기를 "내가 주의 계명을 믿었사오니 명철과 지식을 내게 가르치소서"(시 119:66) 라고 하였다. 기도 중에 우리가 원하는 것을 하나님께 강요하는 것이 아니라, 하나님이 우리에게 원하고 계시는 것이 무엇인가를 찾고 구하는 것이 되어야 합니다.

2) 하나님의 뜻에 합당히 행하기를 원하는 기도

골로새서 1:10~11절에, "주께 합당히 행하여 범사에 기쁘시게 하고 모든 선한 일에 열매를 맺게 하시며 하나님을 아는 것에 자라게 하시고, 그 영광의 힘을 좇아 모든 능력으로 능하게 하시며 기쁨으로 모든 견딤과 오래 참음에 이르게 하시고" 라고 하였다.

주께 합당하게 행한다는 말은 그 행로의 목적지가 어디이고, 동행자가 누구이고, 유숙소가 어디인지 등에 관계되는 말이다. 하나님의 뜻을 깨달은 사람은 그 하나님의 뜻을 자신의 인생 여로에서 행동으로 나타내는 사실을 가리킨다. 말하자면 기도의 실제화, 기도의 행동화다. 기도의 현실화, 기도의 생활화다.

사도는 본문의 기도를 통하여, 하나님의 뜻을 깨닫고, 합당하게 행동하면 범사에 하나님을 기쁘시게 한다고 하였다. 우리는 사도의 골로새 성도들을 사랑하는 기도를 본받아, 우리의 학생들이 하나님 앞에서 생각하고 행동하며 살아가기를 기도해야 하 것이다. 그렇게 되어, 학생들이 선한 일에 열매를 맺고, 복을 받는 삶이 되도록 해야 한다. 이를 소망하면서 기도하자.

3) 하나님 아버지께 감사하기를 원하는 기도

골로새서 1:12절에 “우리로 하여금 빛 가운데서 성도의 기업의 부분을 얻기에 합당하게 하신 아버지께 감사하게 하시기를 원하노라”고 하였다. 이것은 사도가 골로새 교회를 향하여 그칠 줄 모르고 올리는 기도의 궁극적 목적이다.

성도의 올바른 성숙은 하나님 아버지께 감사하는 삶에서 이루어진다. 왜 아버지 하나님께 감사해야 하는가?

첫째로, 성도들에게 하늘의 기업을 상속으로 주신 아버지이기 때문이다. 그 기업은 빛 가운데서 얻어지는 기업이고 이것은 예수 안에서 우리가 천국을 상속받을 복이다.

둘째로, 우리(죄인)를 그의 사랑하는 아들의 나라로 옮겨 주신 아버지이기 때문이다. 다시 말하면 사망에서 생명으로 옮겨간 것이고, 유한적인 삶에서 무한적으로 사는 삶으로의 이동이다. 그리고 마귀의 자녀를 하나님의 자녀로 옮겨주셨다.

사도의 골로새 교인들을 위한 기도가 하나님의 뜻을 아는 기도였으니 우리도 그렇게 간구해야 한다. 그리고 하나님의 뜻을 깨달은 다음에 그 하나님의 뜻에 합당한 행동적 역사가 있기를 기도하자. 학생들에게 하늘의 기업을 주시고 그 아들 예수로 말미암아 우리에게 엄청난 구원 곧 생명의 옮김을 주신 하나님께 감사하기를 기도하자.

교사가 다루는 것은 교사용 교재인 공과지만. 근본적으로 교사가 가르쳐야 하는 것은 성경이다. 사도 바울에 따르면, 이 성경을 정의하기를 하나님의 감동으로 된 책이라고 하였다. 성경은 영감된 하나님의 말씀이라는 것이다.

"모든 성경은 하나님의 감동으로 된 것으로…"(딤후 3:16상반절)

"예언은 언제든지 사람의 뜻으로 낸 것이 아니요 오직 성령의 감동하심을 입은 사람들이 하나님께 받아 말한 것임이니라"(벧후 1:21).

"또 내가 들으니 하늘에서 음성이 나서 가로되 기록하라 자금 이후로 주 안에서 죽는 자들은 복이 있도다…"(계 14:13상반절).

성경은 어떤 이론이나 역사의 기록이 아니라, 하나님의 기록이다. 다시 말해서 하나님께서 인류와 함께 하심에 대한 기록으로서 인간의 언어로 쓰여졌지만 거기에는 '하나님의 감동'이 내재되어 있는 것이다.

6. 성령의 인도를 사모하라

교사는 공과를 가르치는 사람이 아니요, 공과를 통해서 성경을 가르치는 사람이다. 그러므로 기도하는 일과 더불어 성령에 대하여 관심을 갖고, 스스로 성령의 인도를 받는 일에 기꺼이 무릎을 꿇는 교사가 되어야 한다. 성경을 가르치겠다고 교안을 마련하며, 이상적인 지식을 동원하기에 앞서 성경과 성령의 관계를 이해하고 성령의 뜻을 좇아야 하는 것이다.

성령은 전통적으로 삼위일체이신 하나님 한 분으로 간주되어 왔다. 이 삼위는 서로 다른 세 인격을 지니고 계신다. 이 삼위의 하나님은 창조자이신 성부 하나님과 구속자이신 성자 예수님과 보혜사이신 성령님이라고 불리운다. 그러나 이 삼위는 서로의 일에 언제나 연관되어있기 때문에 우리는 하나님을 유일하신 하나님이라고 부른다.

성령은 곧 하나님의 영, 그리스도의 영이라고도 한다. 따라서 성경 여기저기에는 하나님의 모습이 삼위일체로 표현된 곳이 많이 있다(창 1:26, 마 3:15 , 28:19, 요 5:19, 14:16, 26, 15:26, 17:4, 고후 13:3, 갈 4:6 등).

성경을 보면, 성령은 하나님이 이 지구상에 임재하시는 그곳에 나타난다고 하였다. 사실 눈에 보이지 않는 하나님이 영으로서가 아니면 어떻게 현존할 수 있고, 또 경험될 수 있겠는가?

우리가 다루고자 하는 것은 근본적으로 하나님의 말씀인 까닭에 메릴 엉거의 권면에 귀를 기울여야 하겠다. 엉거는 하나님의 말씀을 가르치려는 이에게 영적인 것보다 더 중요한 필요조건은 없다고 하였던 것이다. 우리가 성경을 가르치는 일에 앞서 우리의 성경 이해가 본질적인 것이기 때문이다. 성령이 성경을 쓰도록 하였으므로 성령의 도움과 인도 없이는 그 누구도 성경을 이해할 수 없다.

우리는 기억하고 있어야 한다. 하나님의 책은 그 책의 신적 저자가 되는 성령의 '가르치는 사역'을 통해서만 이해될 수 있다는 것이다. 엉거의 설명처럼 "말씀에 감동하신 분만이 그 말씀의 뜻을 그 말씀을 가르치는 이에게 밝히 알려 줄 수 있다.

교사가 성경교재를 준비하는 데는 선행조건이 있는데, 그것은 성경책의 뚜껑을 여는 일이 아니라 성령의 가르침을 기대하는 일이다. 교사는 반드시 하나님의 말씀을 '그 저자의 편에서' 이해해야 한다. 자신의 이성과 지식의 눈으로 읽어서는 안 된다. 성령의 가르침으로 말씀의 한 구절과 각각의 낱말들을 이해해야 하는 것이다. 성령의 가르침이 없이 하나님의 말씀을 이해한다는 것은 불가능한 일인가? 그렇다. 성령만이 하나님의 일을 알고, 성령만이 하나님의 일들을 가르칠 수 있다. 교사는 성령의 인도로 성경을 이해해야 할뿐더러 또한 성령의 가르치심을 받아 그것을 그대로 아이들에게 가르쳐야 한다. 이 일에 있어서 사도 바울은 위대한 스승이 된다.

"이와 같이 하나님의 사정도 하나님의 영 외에는 아무도 알지 못하느니라"(고전 2:11 하반절)

"우리가 이것을 말하거니와 사람의 지혜의 가르친 말로 아니하고 오직 성령의 가르치신 것으로 하니"(고전 2:13)

교사가 자의로 공과를 마련해서는 안 된다. 그는 성령의 가르침을 받아 교안을 준비하고, 성령의 가르침을 받은 대로 '교수-학습'을 진행해야 하는 것이다. 예수님께서는 이른바 '다락방 강화' 라고 일컫는 요한복음 16장에서, 제자들에게 성령의 가르치심을 좇으라고 말씀하셨다. 교사들은 바로 여기에 주의를 기울여야 하겠다.

"그러하나 진리의 성령이 오시면 그가 너희를 모든 진리 가운데로 인도하시리니 그가 자의로 말하지 않고 오직 듣는 것을 말하시며 장래 일을 너희에게 알리시리라"(요 16:13).

지금까지, 당신은 어떤 사람이었는가? 성령의 가르침을 받고 있었는가? 그러면 감사하는 마음으로 더욱더 성령의 가르침에 마음을 모아야 하겠다. 만일 당신이 성령을 알고는 있었지만 공과를 준비하는데 있어서 성령께 주의를 기울이지 않았다면, 참으로 뉘우치는 겸손함으로 성령의 소리에 귀를 기울여야 할 것이다.

성령은 기독교 교육의 한 요소일 뿐만 아니라, 어린이들의 영혼에 파고드는 교재를 준비하도록-산 교재-이끌어 주는 힘이다. 성령만이 당신의 공과준비를 활력 있게 해 준다. 성령은 교사의 공과준비에 있어서 원동력인 것이다. 교사가 성령에 이끌리고, 성령에 순종할 때 그는 말씀의 '새로 봄'을 체험하고 생명을 살리는 진리 공과를 마련할 수 있게 된다.

1) 성령의 조명

조명이란 밝게 비춘다는 것인데, 성령은 교육과 관련해서 '영적으로 깨닫게' 한다. 그리고 성경을 읽을 때 읽는 이들에게 구원의 지식을 불어넣어 준다. 성령의 조명사역이 없이는 성경의 깊은 뜻을 통달할 수 없는 것이다.

성경의 본문을 이해하고, 그 말씀에서 그리스도의 구원을 발견하여 아이들에게 그리스도를 만나도록 해야 하는 교사는 어떤 직무의 사람들보다 성령의 조명사역에 순종해야 한다. 그는 성령의 조명으로 말씀을 바로 이해해야 한다.

우리들은 죄로 말미암아 총명이 어두워졌다. 그 결과 하나님의 계시 곧 일반 계시나 특수 계시를 제대로 이해할 수 없게 되었고, 주크의 표현대로 "하나님의 외부적이며 객관적인 계시를 받을 수 없게"된 것이다. 이 사실은, 하나님의 말씀은 조금도 불완전한 것이 없는데 우리의 눈에는 성경의 어느 부분이 모순처럼 보이고 있다는 것이 증명해 준다. 우리에게 부족함이 있고, 우리에게 결점이 있어서 성경진리를 이해하지 못할 뿐인 것이다.

칼빈은 우리들이 맹인이라고 하면서 이렇게 말하였다.

"하나님의 말씀은 그 말씀이 전달되는 모든 자들에게 비치는 해와 같다. 그러나 햇빛이 맹인들에게는 아무런 유익도 끼치지 못한다. 이것과 관련해서 우리도 본질적으로는 맹인들이다. 그러므로 성경은 내적인 교사가 되시는 성령께서 그의 조명을 통해 길을 열어 주셔야 한다. 만일 그렇지 않으면 우리의 마음을 뚫고 들어올 수 없다."

성령은 사람의 머리와 마음에 역사하신다. 그래서 이미 계시된 하나님의 말씀의 진리를 이해할 수 있도록 도우신다. 성령의 조명이란 바로 마음의 눈이 밝아져서 성경을 깨닫게 되는 일이다. 더 나아가, 성령의 조명사역은 우리로 하여금 진리를 깨닫는 동시에 영접해서 자신의 삶에 적용할 수 있게 하신다. 바꾸어 말해 이해된 진리를 받아들이게 하시는 것이다. 따라서 교사에게 있어서 성령의 조명사역은 성경의 뜻을 알도록 해주며, 그 진리를 받아들일 수 있도록 설득하는 것이다.

말씀을 뜻을 깨닫고, 그 말씀이 내게 향하신 하나님의 말씀이라는 사실을 인식하는 일은 교사에게 있어서 중요한 일이다. 그것은 이 '인식' 이 교사들에게 더욱 열심히 말씀을 가르쳐야 하겠다는 도전을 주기 때문이다. 그리고 영적인 면에서 자신이 담임하고 있는 아이들에 대하여 안타까움이 불일듯해서 가르치는 사역에 마음을 다하도록 부추기는 것이다.

성경을 읽고 따르는 모든 성도에게는 성령의 조명이 필요하다. 더군다나 말씀을 가르치는 직무를 맡은 교사는 누구보다도 힘을 기울여 성령의 조명을 의지해야 하겠다. 그가 바리새인이나 사두개인들처럼 머리로만 말씀을 이해하면서 마음으로 받아들이지 않는 사람이 되지 않기 위해서는 성령의 조명을 받아 성경진리를 수용해야 할 것이다.

바울은 성경을 머리로만 알고 있는 이들에 대해 육에 속한 자들이라고 하였다. 그는 고린도전서 2:14에서 육에 속한 이들은 하나님의 성령의 일을 받지 못한다고 하였다. 그러므로 우리는 어떻게 해야 하겠는가?

마음의 눈이 밝아지기를 기도해야 하겠다. 다윗처럼, "내 눈을 열어서 주의 법의 기이한 것을 보게 하소서 라고 기도하여 성령의 조명에 의지해야 할 것이다. 우리의 눈이 열려서 말씀에 들어 있는 진리를 인식하고 진리의 빛을 받아들여야 하겠다.

2) 교육에 있어서의 성령의 사역

스터디 바이블을 엮은 톰슨은 교육과 성령의 사역관계를 비교적 명확하게 추려내었다. 그에 따르면, 성령은 교사에게 교훈하시고 가르치시며 성경에 대하여 증거하신다고 하였다. 그는 성령이 인격적인 행동으로 때때로 책망도 하시며 명령하시기도 한다고 설명하였다. 로이 주크는 그의 책(성령과 교육)에서 성령의 사역을 다섯 가지로 살폈다

첫째, 성령은 모든 것에 대하여 가르치신다(요14:26)

둘째, 성령은 예수님께서 하셨던 말씀들을 생각나도록 하신다.(요 14:26)

셋째, 성령은 교사로 하여금 진리를 발견하도록 인도하신다(물론 일반적으로는 모든 진리로 인도하시는 것이다).

넷째, 성령은 앞으로 있을 일에 대하여 선포하신다.

다섯째, 성령은 하나님의 모든 것을 계시하신다.

① 교훈하시는 성령

성령은 진리를 설명해 준다 : "보혜사 곧 아버지께서 내 이름으

로 보내실 성령 그가 너희에게 모든 것을 가르치시고...(요 14:26상반절).

세상은 진리의 영을 받지 못하고 알지도 못하지만 성령이 우리 안에 거하시며 영적인 진리의 영역에 포함되어 있는 하늘나라의 가르침 전부를 알 수 있도록 교훈해 주시는 것이다.

성령은 교사들에게 사람의 지혜로 가르치시는 것이 아니라 영의 가르치는 말로 교훈해 주신다. 교사가 성령에 붙잡혀 있을 때 성경의 교훈을 바르게 받을 수 잇다.

② 기억하게 하시는 성령

요한복음 14;26 하반절에 따르면 "내가 너희에게 말한 모든 것을 생각나게 하시리라"고 하였다. 성령은 제자들에게 예수님께서 생전에 하셨던 말씀들이 다시금 생각나게 하셨다. 예수님의 제자들은 성령의 회상케 하시는 능력으로 복음서를 정확무오하게 기록할 수 있었다. 뿐만 아니라 초대교회의 여러 사역자들도 성령의 기억하게 하시는 사역으로 무오하게 복음사역을 할 수 있었다.

바로 여기에, 교사는 주의를 기울여야 한다. 오늘날 교사들이 예수님으로부터 직접 말씀을 듣지는 아니했어도 성령의 사역으로 예수님의 말씀을 깨닫게 되는 것이다. 성령은 교사들이 말씀을 읽고 묵상할 때 진리를 가르쳐 주신다. 오늘의 교사들은 예수님께로부터 직접 말씀을 듣지 못해 회상에 대한 동참은 할 수 없겠지만, 기록된 말씀들을 통해서 성령의 도움으로 회상하게 된다.

③ 인도하시는 성령

안내자가 여행하는 이들을 어떤 곳으로 인도하는 것처럼 성령은 교사들을 말씀의 세계로 인도하신다. 예수님께서 이렇게 말씀하셨다. "그러하나 진리의 성령이 오시면 그가 너희를 모든 진리 가운데로 인도하시리니(요 16:13상반절).

성경은 안내자를 필요로 한다. 즉 성경은 문자로 된 일반 책들과 달라서 진리를 안다든지 이해하기 위하여 안내자가 있어야 하는 것이다. 교사가 성경을 읽을 때는 인도하시는 성령의 손길을 구해야 할 것이다 다윗은 하나님께 자신을 진리의 길로 인도해 달라고 간구하였다. 교사들은 성령의 인도하시는 안내를 받아 성경의 세계로 들어가야 할 것이다.

3부
공과 학습의
풀 코스

08_Steps

즐거운 공과공부를 위한 학습 분위기 만들기

1. 제 2의 교재가 되는 학습 환경

가르쳐야 할 내용이 마련되었고, 아이들을 맞이할 준비가 다 되었다. 그러면 준비는 다 끝난 것인가? 마지막으로 우리가 할 일이 있다. 이것은 대단히 중요한 것인데, 사실은 중요한 만큼 소홀히 다루어지고 있다.

이제, 우리가 할 일은 '교실' 을 마련하는 것이다. 그 교실은 별도로 꾸며진 곳이거나, 한 자리에서 여러 반이 있어도 상관이 없다. 교사와 학생들이 성경학습을 하는 곳이면, 그 자리가 바로 교실인 것이다.

공과 학습을 진행하는 장소에 대한 준비는 학습 준비의 완성이다. 이 교실의 분위기가 어떠하느냐에 따라 학습의 내용이 결정될 수 있다. 수업의 성패를 가름하는 것은 '교실' 에서 일어난다. 그러므로 우리는 공과 학습이 일어나는 장소에 대하여 준비하는 일을 소중하게 생각해야 한다.

교수-학습이 일어나는 환경은 교재 다음으로 학습에 영향을 미친다. 따라서 학습환경은 제2의 교재라고도 할 수 있는 것이다. 학습환경의 처지에 따라서 아이들의 학습의욕은 증가되기도 하고 저하되기도 하기 때문이다. 이 학습환경은 학습을 받는 아이들의 학습능률이 오르도록 작용을 한다.

사람들은 환경 속에서 살아간다. 사람들의 마음은 환경의 자극을 받는다. 불결한 환경은 의욕을 떨어뜨리고 한시 바삐 자리를 옮기고 싶어지게 하는 것이다. 반면에, 깨끗한 환경은 아이들로 하여금 주의를 집중하도록 하며 배움에 대한 의욕을 상승시킨다.

대개의 주일학교가 별도의 교실이 없는 채, 공과학습을 하고 있는 까닭에 당신은 아마도 '학습환경'을 문제 삼지 않았을지 모른다. 그러나 학습이 일어나는 환경의 요소는 학습진행에 큰 영향을 미친다. 우리가 가르치고자 하는 공과가 사람의 생명에 관계된 것인 만큼, 학습이 중요하게 다루어지기 위해서 환경을 조성하는 일에도 신경을 써야 하겠다.

대개의 주일학교에는 교실이 따로 없다. 교사가 반의 학생들과 학습의 전용으로 사용하는 교실이 없는 것이다. 그러나 우리는 매주일 아이들과 함께 앉는 자리가 있다. 그렇다면, 그 자리는 아이들과 약속되어진 학습장소다.

주일학교의 전부서 아이들이 예배실에 옹기종기 모여 앉아서 공과를 공부하는데, 이때, 당신이 아이들과 함께 성경을 펼쳐서 읽고, 교재학습을 하는 그 자리는 바로 교실이다.

이제, 우리는 아이들과 함께 학습하는 '자리'에 대한 생각을 해야 한다. 그것은 당신이 늘 앉아서 말씀을 가르치는 작은 자리일 수도 있고, 넓게는 예배실 전체를 공동의 교실로 여길 수도 있다. 어느 쪽이든 학습환경에 대한 배려가 있어야 한다.

학습과 학습환경의 문제를 "전쟁에 있어서 우수한 병기의 효과"로 비유한 천병기는 학습의 효과가 절대적으로 학습환경에 의하여 좌우된다고 강조하면서, 교사는 '학업의 능률을 올리기 위한 장소'로 만드는 데에 힘을 쏟아야 한다고 하였다.

사실상, 학습환경에 대한 조치를 취함으로써, 우리의 공과교수 준비는 일단락된다고 보겠다, 그러므로 당신의 주일학교에 별도의 교실이 없다면 여러 교사들과 함께 예배실을 교실로서의 기능이 고려된 학습환경으로 조성해야 한다.

2. 교사의 몸가짐과 태도

학습환경의 제1차적인 요소는 교사 자신이다. 즉 교사의 학습에 임하는 자세나 학습분위기를 연출하는 그의 태도가 아이들의 학습참여에 적지 않은 영향을 미친다. 따라서 교사는 학습에 임하는 자신을 돌아보아야 한다.

이에 대하여, 로우젤은 이렇게 권고하고 있다: "교실에서 알맞은 일을 하기 위해 제일 먼저 필요한 것은 교사 개인의 인상과 태도가 적합해야 할 것이다." 그러면, 어떤 몸가짐이 학습에 적합한가? 아이들의 학습참여를 북돋기 위해 교사가 취해야할 태도에 대하여 알아보자.

1) 몸의 청결

아무래도 우선적으로 돌아보아야 하는 것은 몸을 깨끗이 하는 일일 것이다. 당신은 식당에 갔을 때, 식탁을 비롯해서 여러 가지의 음식이 담겨진 그릇들이 깨끗하지 못 하여 식용이 떨어지고 만 경험이 있을 것이다. 아이들의 희미한 목적이긴 하나 배우려고 주일학교에 온 것이다. 그들은 담임교사에게 배우기를 원한다. 그런데 담임교사의 얼굴이나, 팔, 손 따위의 어느 부분이 청결하지 못하다면, 그 불결함을 느끼는 자체가 학습에의 장애를 가져오게 된다.

예컨대, 한 주일학교 어린이가 '나의 선생님' 이라는 글에서 이렇게 쓴 것을 읽었던 기억이 있다: "선생님의 입에서 나는 냄새 때문에 자꾸만 얼굴을 돌리느라고 그 날은 잘 배우지 못했다. 나는 선생님의 말이 듣기 싫어서 고개를 숙이기도 했다."

사람의 건강상태에 따라 다르겠지만 입에서는 냄새가 나게 마련이다. 그러므로 우리는 치아의 청결과 구취의 제거를 위해서 양치질을 한다. 교사의 교수 수단은 90퍼센트 이상 '입' 에 의존하고 있는 것이므로, 교사는 자신의 '입' 에 대하여 크게 주의를 기울이지 않으면 안 된다.

몸의 불결함이 나타나는 곳은 입만이 아니다. 턱과 목 사이의 접히는 부분, 팔을 오므릴 때 접혀지는 곳, 그리고 귓밥 아래와 뒷부분은 자칫 소홀하면 땀으로 얼룩지거나 때가 끼게 마련이다. 특히 여름철에는 땀으로 인한 냄새까지 풍기게 된다. 교사는 주일 아침에 자신의 몸 요모조모를 살펴보는 지혜를 지녀야 한다. 대개의 남자 교사들은 일어나서 세수를 하고 바삐 교회에 오는 경우가 많으므로 이를 지양해야 한다.

2) 의복과 화장

교사의 복장은 어떠해야 할까? 교수-학습은 아이들과의 활동이므로 움직이기에 편한 옷을 입는 것이 바람직하다. 그리고 옷의 디자인이나 색은 조용한 것이어야 하겠다. 여기에서 다시, 로우젤의 권면을 보자 :

"깨끗하고 단정하며 알맞은 옷차림-너무 초라하거나 너무 화려해서 학생들의 초점이 공과 공부보다는 교사 자신에게 맞추어지지 않도록……(중략)……교사의 옷이나 액세서리로 학 생들을 흥분시키거나, 비판의 대상이 되거나 혹은 부러움을 일으켜서는 절대 안 된다."

로우젤의 견해는 한마디로 교사의 장이 아이들의 학습활동에 장해를 초래해서는 안 된다는 것이다. 그렇다면 지금 당신의 복장은 어떠한가? 당신은 오늘 공과공부 시간에 복장이 흐트러져 있지 않았는가? 아니면 땀 냄새가 배어있는 옷을 그대로 입지 않았었는가?

여자 교사들은 남자 교사들보다 남달리 복장에 신경을 써야 한다. 즉 앞의 가슴 부분이 너무 파졌다든지 옷의 디자인이 조용하지 못하면 아이들의 넋이 빼앗겨지게 마련이다. 필자는 최근에 이런 상담을 한 일이 있었다. 어머니 없이 외할머니 댁에서 자라는 아이였는데, 공교롭게도 남자들 틈에서 생활하였다. 그런데 한번은 어느 주일에 공과공부를 하다가 담임교사의 젖가슴 일부를 훔쳐보게 되었다. 그 이유인즉, 담임교사가 공부를 진행하던 중에 바닥에 떨어진 것을 주울 때, 그 아이가 그만 그녀의 젖가슴을 보고 말았다. 다음에 그가 필자에게 해 준 이야기의 일부를 옮긴다.

"참 이상했어요. 선생님의 거기가 자꾸 보고 싶어졌어요. 그리고 학교에서는 여자 아이들의 가슴을 눈여겨보게 되었어요. 숙제를 하다가도 문득 ○○○선생님이 떠오르곤 했어요."

우리는 어떠한 말로든지 이 아이를 나무랄 수 없다. 세월의 흐름에 따라 유행이 있게 마련이고, 그 시대를 사는 사람들은 유행에 따라 옷을 입고 취미활동을 하며 그 시대에 맞는 생활을 한다. 그러나 세월은 변하고 유행은 달라져도 교육자의 자세는 달라질 수 없다. 그리고 또한, 우리는 그리스도인이다.

그리스도인은 세상에 대해 어떻게 해야 하는가? 바울은 말하기를, "너희는 이 세대를 본 받지 말라"고 하였다. 베드로 역시 동일한 의미로 그리스도인들이 세상에 대해 가져야 할 자세에 대하여, "너희가 순종하는 자식처럼 이전 알지 못할 때에 좇던 너희 사욕을 본받지 말고 오직 너희를 부르신 거룩한 자처럼 너희도 모든 행실에 거룩한 자가 되라."고 하였다.

화장도 이와 같은 정신에서 해야 하겠다. 근래, 여자 교사들은 화장에 대하여 그리스도인으로서의 자세가 결여되어 있다고 보겠다. 소위, 메이크업이라고 하여, 지나칠 정도로 화장을 하는 경향이다. 꾸민다는 것은 아름다움에 속하지만, 교수-학습에 지장을 초래하는 화장은 교사가 할 것이 못 되는 것이다.

비이드는 하나님의 뜻을 방해하는 것 일체가 사탄의 일이라고 하였다. 단순히 비이드의 견해에 비춘다면, 교사의 지나친 화장으로 그 아이들의 수업이 방해 될 때 그 화장은 사탄의 일이 된다는 것이다.

3) 부드러운 말씨와 감정

아나운서들은 그들의 목소리가 실제로 전파를 타기까지 수없이 반복해서 아나운스멘트 훈련을 한다. 그것은 아나운서 특유의 '통보형' 목소리 및 말씨를 만들어야 하기 때문이다. 마찬가지로 교사는 교수를 전개하는데 적합한 말씨를 지녀야한다.

만일, 사투리를 심하게 사용한다면 교육적인 입장에서 '표준어'를 쓰도록 노력해야 하며, 입을 제대로 움직이지 못해서 발음이 부정확한 것은 발음 연습으로 교정해야 한다.

교사는 내용과 함께 말을 가르치는 사람이다,. 아이들에게는 어떤 말이든지 처음에 들은 것이 머리에 고정된다. 그러므로 한 번 틀리게 들어서 알게 된 말은 다음에 교정해주기가 여간 어려운 노릇이 아니다.

우리 한글에는 정확하게 발음하기 어려운 부호들이 많이 있다, 또한 어느 부분에 힘을 주어야 하는지 모를 낱말(음절)이 많은 것이다. 특히 겹모음이나 겹자음을 바르게 발음하는 예가 드물다. 따라서 부단히 자신의 발음과 말씨에 대하여 훈련해야 한다.

필자는 국가대표 선수들을 훈련시키는 선수촌을 방문해서 한 선수의 방에 들어선 일이 있었는데, 거기에는 이런 문구가 쓰여져 있었다:

"최고의 코치는 훈련이다."

그렇다. 자기 훈련 이상으로 좋은 선생님은 없는 것이다. 필자도 그 선수의 방에서 읽은 말을 내 것으로 삼아 지금도 때때로 아이들의 국어 책을 소리 내어 읽는 훈련을 하고 있다. 국어 교과서처럼 좋은 발음 훈련 교재는 없다고 본다.

교사의 애정이 담긴 상냥한 말은 아이들의 마음을 당긴다. 또한 아이들을 용서하면서 -화를 내지 않으면서-하는 말은 그들의 마음을 움직일 수가 있는 것이다. 세일즈맨이 고객에서 접근해서 이야기를 하는 화법의 철칙이 무엇인지 아는가? '화를 내지 말라' 다. 그것도 '화를 낼 수밖에 없는 처지에서도 절대로 화를 내지 말라' 는 것이다. 왜 그럴까? 세일즈맨에게는 고객의 마음을 움직여야만 상품을 팔 수 있는 길이 열리기 때문이다.

교사는 공과교수를 통해서 예수그리스도를 소개하는 사람이다. 그는 아이들에게 예수 그리스도를 만나도록 해야 한다. 따라서 교사 자신의 실수나 어떤 버릇으로 말미암아 아이들에게 예수 그리스도가 바로 소개되지 않는다면 문제가 심각한 것이다.

교사는 부드러워야 한다. 교사는 24번 화가 나는 일에 부딪힐지라도 25번째 온유해야 한다. 당신의 말씨는 아이들에게 어떤 느낌을 주고 있는가?

4) 교수-학습에 임하는 태도

사람에 따라 그가 소유하고 있는 성격 때문에 소극적일 수 있고 적극적일 수도 있다. 그러나 교수를 시작할 때 교사는 그의 성격이 어떠하든지 적극적이어야 한다. 즉 수업에 대하여 자신을 갖고 열의를 보여야 하는 것이다. 세기의 화술가로 꼽히는 카네기는 세일즈맨들을 훈련하는 강좌에서 유명한 말을 남겼다.

"자기 상품에 대한 절대적인 자신이 고객의 마음을 사로잡는다."

그러므로 공과를 시작하는 교사는 생기가 넘치고 열정에 차 있어야 한다. 그는 로우젤의 말처럼, "자신이 하고 있는 일에 안심하고 확신이 있어야 하며, 학급 전체를 이끌어가는 열정이 전파되어야만 한다." 만일, 교사가 소극적인 자세를 보이거나 우울해 하고 있다면 어떤 결과가 초래될까? 로우젤의 답을 옮겨본다.

"교사가 실망하고 있거나 우울해 하거나 혹은 자기가 하고 있는 일이 아주 중요하지 않은것 같은 태도가 분명히 나타나는 것 이상 치명적인 일은 없다. ...(중략)...그러한 상태에서는 아무 것도 가르칠 수 없다. 학생들은 그러한 상태에서도 배우기는 하겠지만 그들이 배우는 것은, 그러한 교사가 맡고 있는 주일학교는 재미도 없고 도움도 되지 못한다는 사실뿐이다. 깨끗한 모습과 즐겁고 명랑하며 확신이 있는 태도-그것이 학급에서 일하는 데에 능률을 올리는 시초가 된다."

3. 분반의 자리를 어떻게 할 것인가?

아이들이 주일학교에 등교하면, 공과공부를 먼저하고 예배를 드리는 교회도 있지만 대개의 주일학교들은 주일 오전 프로그램을 예배, 공과공부, 친교활동으로 진행하고 있다. 유년부 또는 초등부 아이들 모두가 함께 예배를 드렸다면, 공과공부를 하기 위해서 분반작업을 해야 한다.

다행스럽게도, 학급마다 교실이 있다면 담임교사가 아이들을 인솔해서 교실로 들어가면 되겠지만, 대개는 예배를 드렸던 자리에서 담임교사를 중심으로 분반을 이루게 마련이다. 주일 오전, 아이들의 예배 시간이 60-70분으로 짜여 있는 까닭에 공과공부에 소용되는 시간은 약 20-30분 정도다.

따라서, 예배가 끝난 다음에 교사는 신속하게 분반을 하여, 아이들을 학습의 초점으로 이끌어 들여야만 하는 것이다. 분반하는데 시간이 많이 소요되면 그만큼 공과공부를 하지 못한다는 부담이 생기므로 당신은 분반을 빨리 하는 기술을 터득해야 한다.

그러면 어떻게 해야 할까? 아이들은 참 이상하게도 예배를 마치면 일어나면서 소란을 피운다. 그것은 활동성이 강한 그들이 25-30분의 시간을 -예배드리는 동안- 통제 속에 있었기 때문에 자연적인 반사에서 빚어지는 움직임이라고 하겠다.

그런데, 아이들의 움직임이 크면 클수록 그들을 진정시키는 데는 많은 시간을 빼앗기게 마련인 것이다. 그러므로 교사는 자신의 눈으로 아이들을 붙잡아야 한다. 그래서 그들의 움직임과 소란스러움을 최소화 시켜야 하는 것이다.

분반의 기술에 대하여 비이드는 이렇게 가르쳐 주고 있다.

학급의 자리 : 만일 여러 학급이 예배실에서 다같이 공부를 하더라도 자기 학급의 지정된 자리를 정해야 한다. 그래서 아이들이 예배 후에도 소란에 빠지게 되는 유혹을 떨치고 공과공부를 하기 위하여 자기들의 학급자리로 모이게 해야 하는 것이다.

다른 학급과의 관계 : 교사는 자기 학급의 수업진행도 중요하게 여겨야 하지만, 다른 학급에 방해가 되지 않도록 해야 하며, 다른 학급으로부터 방해를 받지 않는 자리를 마련해야 한다. 그러므로 학급의 자리 지정은 교사들이 함께 의논해서 정하는 것이 바람직하다.

아이들의 자리배치 : 한 교실을 여러 학급이 사용할 때 아이들을 교사 중심으로 향하게 하려면 어떻게 앉아야 할까? 교사는 벽에 등을 붙이고 앉되, 아이들은 벽 쪽을 향해 앉아서 교사를 보도록 한다. 그래서 아이들이 반단위로 등을 대고 앉는 것이다. 그렇게 해야만 다른 학급에 아이들이 시선을 보내지 않게 된다.

칸막이의 사용 : 아이들의 시선을 집중시키고 학급에 대한 관심을 강화시키기

위해 서 칸막이를 사용하는 것이 바람직하다. 칸막이는 이동할 수 있는 것으로 여러 가지를 마련할 수 있다. 천장에 도르래를 달아서 이동식 커튼을 칠 수도 있고, 바닥에서 50센티미터 높이의 접는 칸막이가 사용되기도 한다. 한편, 교실의 환경판을 만들어서 칸막이로 사용한다.

지정된 좌석의 배치 : 아이들에게는 자신의 좌석을 마련해 주는 것이 좋다. 아무곳에나 앉는 것이 아니라 학급의 위치가 정해지면, 아이들의 자리도 고정화해야 아이들의 주의를 빨리 모을 수 있는 것이다.

비이드는 여기에서 몇 가지를 더 말하고 있으나 우리 한국 교회의 상황에서 유용할 수 있는 제안만 추려 뽑았다. 당신은 어떻게 생각하는가? 필자는 참으로 유익한 인내라고 본다. 어느 주일학교에서든지 이 제안을 따른다면 상당한 교육효과를 기대할 수 있을 것이다.

4, 어린이의 전(前, pre-)수업태도

지난 주일에 당신의 학급 아이들은 분반하였을 때 어떤 자세를 보였는가? 아직도 많은 아이들이 수업을 시작할 때 멍하니 앉아 있다. 어떤 어린이는 성경책을 넣은 가방을 앞에 놓은 채 다음 동작을 취하지 않고 있다. 또 수업할 준비는 고사하고 다른 학급에 가서 말참견을 하는 아이들도 있다.

이러한 상황들은 교사를 난감하게 만든다. 일반학교에서는 보이지 않는 태도를 주일학교에서 자연스럽게 노출시키는 것이다. 이에 대한 우선적인 원인은 어린이들에게 심어진 주일학교의 이미지 때문일 것이다. 그리고 종교기관의 자율성 때문에 통제에 길들어진 아이들이 방황하는 상태이기도 하리라. 당신은 아이들에게 어떤 주의를 주고 있는가?

필자는 어느 주일 한 주일학교의 공과시간을 참관한 일이 있었다.

"자, 공부하자. 오늘은 다윗에 대한 공부야!"

그 교사는 아이들에게 수업 전의 준비도 시키지 않고 교재의 소개부터 시작하였다. 어린이들은 아이들용 교재로 공부하고 있어서 수업진행이 순조로웠다. 그런데, 그 교사는 아이들에게 성경을 한 구절도 읽히지 않고, 교재중심으로 수업을 진행하였다.

공과공부에 있어서 성경의 사용은 다음에 이야기할 기회가 있어 미루더라도, 그가 수업을 자기중심적으로 이끌고 있었다는 것에 많은 문제를 안고 있었다. 교수라고 이름하는 톱니와 학습이라는 톱니가 맞물리면서 움직일 때 비로소 수업이 이루어지는 것이다. 그럼에도 불구하고 그는 자신이 준비해 온 것이 기억에서 사라지기 전에 쏟아 붓자는 식으로 수업을 진행하고 있었던 것이다.

당신은 당신이 가르쳐야 할 내용이 중요할수록 아이들이 수업준비를 하도록 이끌어야 한다. 예컨대, '자, 공부하자' 라고 교사가 말한다 하여 아이들이 공부할 수 있는 것은 아니다. 아이들에게 공부하겠다는 의욕이 조성되어야 하는 것이다.

그러므로 당신은 이렇게 해야 한다. 무엇보다도 먼저 아이들에게 정해져 있는 좌석에 앉도록 한다. 만일 어린이들 가운데서 누가 결석했다면, 그 좌석은 비워 둔다. 그래서 아이들 스스로가 결석한 아이에 대한 실체를 확인하게 해야 한다. 아이들 가운데 결석을 아무렇지 않게 여기기도 한다.

따라서 '내가 결석하는 날에는 내 자리도 비어있겠지' 라고 하는 교실의 비어있는 자리를 의식하도록 해야 한다. 담임교사도 비어 있는 자리 때문에 공과를 공부하는 동안 내내 마음에 걸릴 것이다. 결석한 아이들이 자리를 비워 두는 것은 결석에 대한 부담을 교사나 아이들 모두에게 주는 것이라고 하겠다.

어린이들에게는 주일학교가 시작하는 시간은 예배의 첫 순서부터 아니라 하나님 집에 도착한 순간부터 시작된다. 그러므로 우리는 학습 전 활동 시간을 계획하고, 필요한 교재를 구하며 감독하도록 하여야 한다. 문에는 안내하는 교사가 있어서 주일학교에 오는 어린이들 하나하나를 환영해 맞도록하여 학습 전 활동에 참가시켜서 그의 흥미를 일으켜 주고 제 시간에 주어진 활동을 끝내서 주일학교 시작에 지장이 없도록 한다.

이 시간에 이용할 수 있는 여러 가지 활동이 있는데 예를 들면 암송 놀이 암송 연습, 이야기해 보기, 벽화 그리기, 그림 맞추기 공작 등이 있다. 이러한 활동에 대한 자세한 설명이 아래에 나와 있다. 이 교재에는 학생의 관심을 자아내기 위하여 한 학기를 통해 하여야 할 학기 과제가 주어져 있으며 또한 과마다 몇 종류의 활동이 제시되어 있다.

이어서, 교사가 해야 할 일은, 교사가 먼저 성경과 출석부를 앞에 놓아야 한다. 그리고 아이들에게도 그들의 무릎 앞에 성경과 어린이 교재, 필기도구를 놓도록 한다.

이로써, 아이들은 마음속으로부터 성경 공부를 한다는 학습에 대한 준비가 비롯되는 것이다. 이때 성경과 어린이 교재를 준비해 온 것에 대하여 아낌없이 칭찬해 주어야 하겠다. 칭찬은 더 큰 칭찬을 낳기 때문이다. 즉 이것은 학습의욕을 끌어올리는 촉매제가 되는 것이다.

5. 출석 부르기

출석의 호명은 어떻게 부르는 것이 좋을까? 출석부를 보고서 이름을 불러가며, 출결석 상태를 표시하는 것이 좋겠는가, 아니면 늘 만나는 아이들이므로 교사가 출결석 표시를 해야 하는가? 어떤 사람은 주일학교의 학급이라는 것이 많아야 10명 안팎이므로 교사가 출석부에 기재하는 것으로 출석을 체크하는 것이 좋다고 하였다.

그러나, 전동윤은 '학습시간의 반 어린이 관리' 라는 프린트된 그의 칼럼에서 이렇게 쓰고 있다: "교사는 정위치에서 어린이의 이름을 부른다.…그냥 이름만 부르면서 지나가지 말고 이름을 부르는 기회를 교사의 사랑과 관심을 주는 대화의 시간으로 활용하면 보다 더 깊고 더 좋은 관계가 이루어질 것이다."

전동윤에 따르면 출석을 부르는 것이 출석과 결석에 대한 확인이라는 차원을 뛰어넘어 교사의 애정을 보여 주는 기회가 되어야 한다는 강조이다. 참으로 바람직한 출석호명의 방법이라고 생각된다. 그의 견해와는 다소 다르지만 필자 역시 출석 부르는 시간에 아이들을 칭찬해 주거나 관심을 보여 주라고 말한 일이 있다. 필자 자신이 학급을 담임하던 시절에 칭찬과 격려로 출석호명을 대신했었던 것이다.

"경희야, 어쩌면 머리핀이 참 예쁘구나! 미자는 머리를 잘 빗었네, 누가 빗어 주었니? 영숙이는 오늘 시집가는 아가씨처럼 얌전해서 예쁘다."

이렇게 아이들을 칭찬해 주면서, 교사는 출석부에 체크를 할 수 있는 것이다. 전동윤은 이르기를, 출석 부르기를 통하여 어린이에 대한 사랑을 나타내어 학습에의 동기유발로 연결시켜야 한다"고

하였지만, 사실 교사가 아이들을 주도하여 수업을 진행하느냐,그렇지 못하느냐는 이 출석호명에서 결정 지워지는 것이다.

출석을 부르는 시간은 공과교수를 진행하는 학습시간을 여는 열쇠다. 이때 아이들의 시선을 교사에게로 모으고, 그들의 주의를 집중시켜서 바로 공과진행으로 이끌게 된다.

- 태원이는 오늘 일찍이 교회에 왔지요? 그 열심 고마워요.
- 창의는 옷을 아주 단정하게 입었어요. 참 좋아요, 예뻐요!
- 명희는 머리에 꽂은 리본이 예쁘군요.
- 권석이는, 어머니의 병환이 어때요? 아직도 많이 아프세요? 용기를 내도록 해요. 선생님이랑 친구들이 기도하고 있으니까요.
- 기주는 오늘 새 친구를 인도해 왔어요. 얼마나 기쁜 일인지 모르겠어요.
- 영태는 지난 주일에는 떠들었지만 오늘은 조용히 공부하겠지요?

당신은 단 한마디라도 좋으니 칭찬을 아끼지 말아야 하겠다. 교사는 아이들의 이름을 다 알고 있으며, 출석을 굳이 부르지 않아도 누가 결석하였는지 알고 있는 것이다. 그런고로 이렇게 하라.

"아이들과 개인적으로 대화를 하자. 대화를 통하여 한 주간 동안의 인사 교환과 선생님이 아이들에게 개인적으로 관심을 갖고 있다는 것을 보여 주어야 할 것이다. 또한 오늘의 성경학습에서도 아이들을 위해서 교수준비를 했다는 것을 알도록 해야 한다."

대화가 좋은 방법이지만 여기에도 생각해 볼 문제는 있다. 즉 대화의 길이를 어떻게 해야 하느냐 하는 것이다. 한 학급의 아이들이 7,8명 가량이라면 교사와 아이들이 말을 주고받는데 몇분 이상은 족히 걸릴 것이기 때문이다. 그렇다. 재치없이 말문을 열었다가는, 아이들이 대답에 대답의 꼬리를 물어 시계바늘은 5분을 넘기기 십상인 것이다.

어떻게 해야 좋을까? 전동윤은 이에 대하여 '일문일답' 을 말하였다. 교사는 묻고 아이가 대답을 하되, 한 번의 대답을 듣고서 다른 아이에게 질문을 옮기라고 하였다. 여기에, 필자는 다음과 같은 견해를 덧붙이고 싶다.

"아이들에게 묻고 일일이 그들의 대답을 듣겠다는 것은 여간 어려운 일이 아니다. 이 대화가 잘못되면 아이들에게 '편애' 에 관한 느낌을 불러일으킬 수도 있는 것이다. 출석 부르기에서의 대화는 단순한 교사의 관심표시여야 하겠다. 예를 들어 한 어린이에게 칭찬이 섞인 질문을 하면서 그로부터의 대답은 눈으로 듣는다. 이어서 옆의 어린이에게 말을 건네도록 한다. 이렇게 하면 2,3분 안팎에 10명 가량의 아이들과 대화를 나눌 수 있다."

필자가 쓴 '주일학교 교사핸드북' 의 '공과교수법에서 일부를 옮겨 보았다. 당신은 이 방법보다 더 나은 방법을 고안 해 낼 수 있을 것이다. 여기에서 강조하려는 것은 직접적인 출석호명을 하지 말라는 것이다. 그것은 아이들을 위한 일도 아니요, 단지 출석의 체크일 뿐이므로 학급에 유익이 되는 기회로 선용하자는 것이다.

6. 수업을 위한 기도

사랑과 관심의 대화 다음에는 오늘의 교수-학습을 위해서 기도를 한다. 이 기도에는 아이들이 직접 참여하도록 해야 할 것이다. 아이들 스스로 공부에 앞서 기도하도록 이끌어야 하는 것이다. 그러므로 교사 프로그램을 마련하는 것이 좋겠다.

아이들의 기도를 위해서 교사가 모법 기도문을 만들어 주는 것도 바람직하다. 이 기도에는 다음의 내용들이 포함되어야 한다. 젠킨스는 공과교수의 진행을 위해서 교사가 기도해야 하는 제목들에 대하여 이렇게 요약하였다.

- 교수-학습을 성령께 맡기고, 교사와 아이들 모두 성경에 순종하기를 간구해야 한다.
- 성경공부를 통해서 예수 그리스도를 만날 것을 간구해야 한다.
- 성경진리가 아이들의 삶 속에서 크고 작은 영향을 미칠 것에 대하여 간구해야 한다.
- 그리스도인으로서 하나님께서 원하시는 일에 대하여 헌신하기를 간구해야 한다.

이제껏 교사가 기도를 해왔던 상황에서는 아이들이 기도하도록 하는 것이 어려울지도 모른다. 그렇지만 학습의 중심은 아이들이므로 그들 스스로 기도하고 학습하도록 이끌어야 하겠다. 교사도 기도하고, 아이들도 기도하도록 이끌자. 기도만큼 공과공부의 준비를 확실하게 하는 것은 없다.

7. 학습의 외적인 조건

학습의 외적인 조건은 학습하는 장소에 대한 것이다. 교회는 성장발달이 가장 왕성한 시기에 있는 아이들이 예배와 교육이라는 통제된 환경에서 배우고 신앙의 기초를 닦는 장소이다. 따라서 아이들의 위치에서 교회는 예배실이자 곧 교실인 것이다. 그러므로 우리는 교실의 환경이 학습의 효과에 미치는 영향도 고려해야 하고, 발생된 문제에는 즉시 적절한 조치를 취해야 하다.

그럼에도 불구하고, 모든 교회들이 성인들의 예배중심으로 교회를 운영하고 있어서 학습환경에 대한 배려는 극히 저하된 상태이다. 우리 교회가 아이들을 키우는 사명을 잘 감당해야 함에도 불구하고, 시설 면에서 아이들에 대한 교육적인 조치는 제로라고 하겠다.

그러니, 지금까지는 어떻게 해왔을지라도 이제부터는 '교실' 로서의 환경에 대한 고려와 대책이 있어야 한다. 그래서 학업의 능률을 올리는 장소로 만들어야 한다.

1) 학급내의 인간관계

두 사람 이상이 모인 것을 우리는 사회라고 부른다. 한 학급의 아이들은 곧 학급사회를 이루는데, 이 학급사회의 상태는 아이들의 학습의욕을 높이든지, 오히려 떨어뜨리는데 막대한 영향을 미치고 있다. 교육학자들은 학급사회가 "학습자들의 바람직한 인격을 형성함에 도움이 되는 곳이 되어야 한다"고 강조한다. 그 까닭은 학습하는 아이들 상호간에 '벗' 으로서의 관계와 교사와 아이들의 관계를 통해서 교재를 학습하게 되기 때문이다.

학급의 분위기는 학습에 지대한 영향을 미친다. 그 영향은 아이들이 나오기 싫어하는 아이들 가운데는 학급의 분위기를 이유로 드는 예들이 많다. 즉, 누가 보기 싫어서, 또는 "나를 귀찮게 해요" 라는 이유로 상대 아이를 지명하여 그 아이 때문에 다니지 않겠다고 한다. 이와는 반대로 아이들은 '친구가 좋아서' 라는 이유로 주일학교에 나올 수도 있다. 담임교사가 칭찬해 주고 아이들이 좋아하기 때문에 기쁜 마음을 가질 수 있다는 것이다.

이에 대한 천병기는 말하기를, "예를 들면 학급집단 속에서 만족할 만한 지위와 역할을 하고 있든지, 동료들로부터 인정을 받고 있으면 모든 활동에 적극적으로 참가하고 발언도 자유로워지며 성격도, 지적 학습활동도 더 향상될 것이다."라고 하였다.

2) 실내의 온도와 습도

공부하는데 가장 적합한 기온은 몇 도를 유지해야 하는 것일까? 문교부의 교실관리에 관한 지침에 따르면, 교실의 기온이 15도에서 17도정도 되어야 정신적, 근육 활동적 학습에 능률이 오른다고 하였다. 실내 온도가 낮아야만 정신활동을 왕성히 할 수 있다는 것이다. 일반적으로 학교에서는 18도의 유지를 권장하고 있다. 이는 감각적 쾌감대가 바로 18도이기 때문이다.

한편 습도는 60 플러스 마이너스 20도가 가장 적합하다. 공기 중에 수분이 60퍼센트를 중심으로 플러스, 마이너스 20%가 되면 생활하는데 최적의 쾌감지수가 되는 것이다. 이를 토대로 교육학자들은 겨울에 교실에서 난로를 피울 때, 50퍼센트의 습도를 유지하도록 하라고 주의를 주고 있다.

교회에서 성경을 배우는 시간만큼은 교실로서 유지가 되도록 당신은 노력해야 한다. 아이들의 학습능률이 오르도록 하기 위해서 온도나 습도가 적정지수를 유지하도록 해야 할 것이다.

3) 소음의 문제

우리가 고려하지 못하고 있는 것 가운데 하나가 이 소음문제다. 특히 개척 단계의 교회들은 소음에 대하여 속수무책일 수밖에 없다. 예배실에서 모든 반의 학생들이 학습하기 때문에 '어찌할 수 없이' 소란스러운데다가, 개척 교회라는 특수조건-교회가 도로변의 빌딩에 세들어 있는 까닭-으로 소음에 대해서는 무방비 상태에 놓여 있는 것이다.

소음은 직접적으로 교수-학습에 방해를 준다. 교실의 소음 크기가 조용한 공원에 있는 것처럼 느껴지는 약 40폰이 되어야 학습하기에 적당한 소음의 정도가 될 것이다. 그러므로 지도자들은 소음의 크기를 줄이는 데에 힘을 쏟아야만 한다. 시장과 같은 '시끄러운' 분위기에서는 학습이 되지 않는다.

09_Steps

공과공부1 코스

-도입단계는 어떻게 해야 하는가?

1. 커리큘럼의 개요와 도입의 위치

공과의 교안은 학습진행의 개요를 다음과 같은 형식으로 작성하고 있다. 우리는 공과학습을 진행하기 위해서 공과책을 펼쳤을 때, 한 시간 분량의 학습내용이 다음과 같음을 확인할 수 있을 것이다.

① 관심을 자극한다.

② 성경공부를 인도한다.

③ 영원한 진리들을 강조한다.

④ 학과의 내용을 생활에 적용한다.

⑤ 다음 학과에 대한 예시를 한다.

우리의 성경공부는 어떻게 진행되고 있는가? 당신의 공과교재를 함께 보자. 이끄는 말, 성경이야기, 맺는말의 과정으로 구성되어있다. 여기에서 이끄는 말은 '도입'의 과정이고, 성경이야기는 성경고부로서 '전개'에 해당되는 것이다. 그리고 맺는말은 '정리' 또는 '정착'의 단계다. 정착이란 성경공부에서 발견된 진리를 삶에 적용시키는 것이다.

만일 당신의 주일학교에서 '복음의 빛' 공과를 교재로 사용한다면, 그것은 조금 다르게 구성되어 있음을 발견할 것이다. '복음의 빛' 공과는 세계적으로 복음주의 교회들이 교재로 선택하고 있는 것인데, 아이들의 친교활동으로부터 공과공부를 시작하도록 되어 있다.

① 친교와 기도

② 도입-예화자료

③ 성경이야기

④ 맺는 말

⑤ 학생들의 교재(work book)사용 지도

⑥ 성구암송

근래에 우리나라의 주일학교에서도 스크립처 프레스(scripture press)의 '오늘을 위한 성경' 공과를 가르치고 있는 곳이 많이 있다. 이 교재는 「사다리공과-거듭난 생활」이라는 제목의 교재로서, 여기에는 성경공부의 3단계가 구성되어 있는데, 초점, 발견, 반응이 그것이다. "어린이들의 주의를 한 초점에 모아 성경 속에 나타난 하나님의 진리를 발견하게 하고 발견한 진리를 그들의 삶에 적용하여 구체적인 순종으로 반응하게 한다."

이상으로, 우리는 세 가지 유형의 공과 개요를 살펴보았다. 당신이 어떤 공과로 가르치든, 도입-전개-정리(정착)의 순서를 밟는 형태로 교수-학습이 진행될 것이다. 이 과정에서 '이끄는 말', '친교와 기도' / 도입- '예화자료 및 초점'은 곧 교수-학습의 도입을 가리킨다.

2. 도입에서 학습의 승부를 걸어라!

도입(strating point)은 교수-학습의 문(door)으로서 지극히 중요하게 취급되어야 한다. 도입에서 아이들이 학습에의 동기를 강하게 받아야 하기 때문이다. 당신이 지금까지 준비한 공과학습을 '어떻게 시작할 것인가'가 이 부분에서 다루어져야 한다. 흔히, 도입을 동기유발이라는 용어로 바꾸어서 이르기도 하는데, 그 까닭은 아이들이 학습에 참여하도록 촉발시키는 일이 '도입'에서 이루어져야 하기 때문이다.

공과학습을 지도하는 교사들로부터 가장 많이 듣는 하소연이 있다. 그것은 학생들이 수업을 하려 하지 않는다는 것이다. 예배는 그럭저럭 잘 드렸는데 공과를 학습할 시간이 되어 학생들을 한 자리에 둘러앉히면, 그때부터 시무룩한 표정들을 짓는다는 것이다.

한마디로, 공과공부에 기대를 갖고 있지 않다는 사실이다. 이 때문에, 공과학습을 하기 싫어하는 교사들도 있다. 얼마 전에, 강의를 하기 위하여 인천의 산곡교회를 방문한 적이 있었다. 강의를 시작하기 전에 한 교사가 찾아오더니 이렇게 말하였다.

"목사님, 오늘 '공과교수법'을 강의하신다기에 왔어요. 제 문제를 해결해 주셨으면 합니다. 공과공부 시간에 딴전을 피우는 아이들 때문에 시작부터 제대로 할 수 없어요. 어린이들의 주의가 산만

한 까닭인가요? 생기가 넘치고, 가르치는 저도 재미를 느낄 수 있는 방법에 대하여 조언해 주세요."

사실, 공과학습을 해야 하는 교사라면 누구나 한번쯤 고민하였을 문제다. 우리는 대개 공과의 수업을 위하여 준비하였다고 생각하고 학생들을 만난다. 그래서 성경을 펼치자는 말로 수업을 시작한다. 그런데 학생들의 수업에 임하는 태도는 학습에 대한 자세가 아니다. 어떤 학생을 주목해 보면, 문제아라고 단정을 짓고 싶어진다.

공과학습을 진행하다 보면, 우리들은 학생들의 특성을 발견할 수 있다. 특별히 학습에 부적응 현상을 드러내는 학생도 있다. 그렇지만 이러한 경우는 극히 예외라는 사실을 기억하고 있어야 한다. 솔직히 말해서, '나는 공부를 잘 하고 있는데 학생들이 하나 같이 주의가 산만하여 교수-학습의 진행이 엉망이다' 라고 말해서는 곤란하다.

왜냐하면, 학생들이 수업에 의욕이 일어나지 않아서 '지루하기 짝이 없는' 교실이 될 수 있는 것이다. 그러면, 어떻게 해야 좋을까? 우리는 교사나 학생 모두가 수업에 대한 기대를 가져야 한다는 말에 동의한다. 교사는 가르침을 위하여 부름을 받았으므로 그 자신의 공과학습에 대한 기대는 어느 정도로 충족될 수 있다고 본다. 그러나 학생은 그렇지 않다.

이것은 예수님께서 갈릴리에서 복음을 전하실 때와 똑같은 상황이다. 주님께서는 잃어버린 자들을 찾으러 오셨으나, 당시의 유대인들은 예수님을 영접하지 않았던 것이다. 그들은 예수님께 관심을 가지려 하지 않았다. 들으려 해야 복음이 선포될 수 있지 않는가? 그러므로 우리는 예수님께서 사람들의 주의를 끄셨던 여러 가지의 방법을 발견할 수 있다. 주님께서는 사람들의 관심을 얻으신 다음에, 그들에게 하늘나라의 진리를 가르치셨다.

학생들이 교사와 함께 학습활동에 임한다는 사실은 그들이 행동하고 있음을 증명하는 것이다. 그러므로 우리는 행동에 대하여 생각하지 않으면 안 된다. 학습이라는 행동은 결코 거저 나타나는 것이 않는다. 인간의 행동은 마음에서 일어난다. 마음이 자극을 받아야만, 자극에 대한 반응으로서 행동이 뒤따르게 되는 것이다.

따라서 우리가 공과학습을 하기 원한다면, 시작하기 위한 한 과정을 밟아야 할 것이다. 학생들이 성경을 공부하겠다는 학습에 대하여 마음을 열도록 해야만 한다. 여기에서 우리는 학습에 대한 동기를 유발시키기 위한 방법을 강구해야 한다. 훌륭한 교사라면, '수업의 자리' 에서 학생들이 볼 수 있는 것, 느낄 수 있는 것, 냄새맡을 수 있는 것들과 맛볼 수 있는 것들을 모두 이용할 수 있어야 한다. 이로써, 생기가 넘치고 발랄한 학습현장을 만들어야 한다. 학습에의 행동을 일으키는 마음의 움직임에는 네 가지가 있다.

첫째, 하고자 하는 욕구

둘째, 했으면 하는 요구

셋째, 할 수 밖에 없는 상황

넷째, 외부의 작용에 의한 동기

만일, 교수-학습이 진행되는 교실에서 아이들의 마음에 욕구, 요구, 원인 그리고 동기가 적절히 제공되면 학습의욕은 최고로 나타난다. 이 의욕은 학습활동에 임하는 행동을 강하게 하고, 빠르게 하며, 예기치 않은 장해가 일어난다 할지라도 그것을 극복하게 한다. 또한 이 의욕은 학습자로 하여금 자신의 학습행동에 대한 목표를 설정하도록 한다.

3. 동기유발이 훌륭해야 하는 도입

사실상, 도입에서 공과공부는 시작된다. 그리고 도입으로 말미암아 공과공부는 삼분의 일이 완성된다고 하겠다. 당신은 어린 시절에 '땅따먹기' 라는 놀이를 즐긴 적이 있을 것이다. '땅따먹기' 는 마당에 넓게 동그라미를 그려 놓고, 참가한 아이들이 제각기 뼘을 벌려서 반원크기로 자기 집을 그어둔다. 그리고 손가락 끝에 작은 돌을 튕겨서, 돌이 튕겨나간 크기에 따라 땅을 따먹는 놀이이다.

이 놀이에는 규칙이 있다. 즉 세 번을 튕겨서 밖으로 나갔던 돌이 자기 집으로 들어와야만 돌이 튕겨진 부분의 넓이가 자기 땅이 되는 것이다. 만일, 세 번의 튕김으로 돌이 집에 안착하지 못하면 아무 것도 아닌 것이다.

루시엔 콜맨이, 공과학습은 세 가지를 이루는 일이라고 지적한 것을 공부했던 필자는 공과공부의 원리가 '땅따먹기' 와 어쩌면 그렇게도 닮았을까 하는 생각을 했었다. 콜맨은 이렇게 말하였다.

"당신의 학습은 세 가지를 이루어야 한다. 첫째로, 당신은 학습자들이 그 학과를 공부하기를 원하도록 한다. 둘째로, 당신은 성경공부로부터 어떤 것을 얻도록 돕기 위해 계획된 학습활동을 소개해야 한다. 셋째로, 당신은 그 학과의 결론을 쥐어 주어야 한다."

교사는 공과공부를 통해서 이 세 가지를 달성해야 하는 것이다. 하고 싶은 말은 아니지만, 만일 어느 한 가지라도 소홀히 취급됐다며 그것은 학습이 바르게 이루어졌다고 볼 수 없는 것이다. 삼각형의 세 꼭짓점처럼, 세 가지가 모두 똑같은 크기로 다루어져야 한다. 땅따먹기 역시 두 번의 돌을 튕김이 멀리까지 금을 긋게 했을지라도 세 번째의 튕김에서 돌이 집안으로 '안착' 되어야만 비로소 땅을 소유할 수 있는 것이다.

이로써 미루어 볼 때, 동기유발이 강하면 강할수록 아이들의 학습참여는 촉진되고, 동기유발이 어떠하였느냐에 따라 도입의 성패가 결정된다고 하겠다. "당신은 학습자들이 그 학과 공부하기를 원하도록 해야 한다"는 말은 '도입' 과정에 있어서 불변의 진리라고 하겠다. 그래서 임영택은 이렇게 쓴 적이 있다: "도입은 짧은 순간이지만 이 순간을 준비하는 시간은 가장 길어야 하는 역설적인 관계를 내포한다."

그렇다. 건물이 세워져 있는 것을 볼 때 그 기초는 사람들의 눈에 뜨이지 않는 아주 작은 부분이지만, 기초를 놓기까지에는 많은 시간이 소요되었다는 것을 우리는 알고 있는 것이다. 그리고 이 기초는 건물 그 자체를 지탱하고 있다. 우리 속담에도 이르기를 '시작이 반이다' 라고 했는데 바로 이를 가리킨 말일 것이다.

우리는 '도입' 에서 무엇을 가르치겠다고 덤비기보다는 '어떻게 하면 아이들로 하여금 학습에 대한 의욕을 갖도록 할까' 에 주력해야 하겠다. 즉, 다양한 방법을 활용해서 동기를 자극해야 한다. 교사는 학습자가 '그 학과를 공부하기를 원하도록 만드는 것으로써' 도입의 시간을 사용해야 한다.

당신은 어떠한가? 진실로 아이들에게 학습동기를 유발시키고 있는가? 아니, 오히려 학습장해를 초래하고 있지는 않은지 모르겠다. 이를테면 다음과 같은 말들로부터 수업을 시작하고 있지는 않은가?

- 너희들이 예배시간에 그렇게 떠들면 어떻게 하니?
- 영민아, 예배를 드리는데 꼭 화장실을 갔다 와야 하겠니?

- 오늘 우리 반 아이들이 예배시간에 제일 소란했어요. 여러분이 소란을 피우면 선생님 얼굴이 뭐가 돼요?
- 경호하고 선구 너희 두 사람 벌좀 서야 해!

이와 같이, 당신도 아이들을 꾸짖은 일이 있었을 것이다. 어떤 교육학자는 이르기를 꾸지람(벌)도 학습동기에 포함된다고 하였지만, 분반을 시작하여 공부를 하려고 할 때, 교사의 꾸짖음은 학습장해를 가져오기 십상이다

'복음의 빛' 공과 교재에서 도입부분에 친교와 기도의 시간을 제시한 것은 아이들이 마음의 문을 열고 마음으로부터 학습을 기대하도록 조성하기 위해서인 것이다. 그러므로 이유 여하를 막론하고 꾸짖는 일이나 흉을 보는 일들은 없어야 한다.

훌륭한 동기유발은 아이들의 주의 와 관심을 교수-학습에 붙잡아야 하는 것이다. 동기유발을 자극하는 다양한 방법들 가운데서 어느 것을 취하든지 아이들의 눈은 학과에, 그리고 그들의 귀는 당신에게 향하도록 붙잡는 것이다.

1) 선생으로서 예수님의 동기유발

예수님의 가르치는 사역에서 보여준 그이 독특한 동기유발은 아마도 요한복음 4장에서 번뜩인다고 할 수 있을 것이다 호온이 제목을 붙인 대로 '예수님께서 사마리아 여인을 가르치신 방법' 에서, 예수님은 학습효과 만점의 동기유발을 하신 것이다.

우선, 당신은 요한복음 4:1-43의 말씀을 읽은 다음에 예수님의 선생으로서의 동기유발을 상고했으면 좋겠다. 우리는 본문에서 예

수님의 사마리아 여인에게 향하신 접근을 본다. "예수께서 물을 달라 하시니"

당신은 예수님의 이 태도를 어떻게 해석하고 있는가? 즉 그 당신의 유대. 사마리아 사회에서 유대인(예수님)이 사마리아인에게 말을 건넸다는 것에서 무엇을 생각할 수 있는가 하는 것이다. 그것은 예기치 않은 일로서 사마리아 여자에게 예수님의 행동은 호기심(흥미)을 자아내기에 충분하였다. 그리고 자연스럽게 물을 달라고 하셨다- 물을 길러 온 여자에게,

이와 같은 흥미와 접촉점의 마련(물을 달라는 부탁)은 사마리아 여인으로 하여금 예수 그리스도에게 주의를 기울이도록 하는데 충분하였다. 계속해서 본문을 읽어 내려가면, 사마리아 여자와 예수님의 대화가 전개된다. 이 대화는 여자의 물은 (6회), 예수님의 대답(6회)이전 부이다. 이 대화를 분석하면서 호온은 예수님의 동기유발을 이렇게 규명하였다.

"예수님께서 동기를 사용하셨다는 것은, 맨 처음에는 흥미의 각성을 말씀하셨다는 것이 속에 잘 나타나 있다. 물에 관한 대화는 흥미를 일깨웠으며, 남편에 관한 대화는 양심을 일깨웠으며, 참된 예배에 관한 대화는 예배에 대한 의식을 일깨우고 있다. 그리하여 그녀는 자기가 그곳으로 앞서 가져왔던 물동이가 아니라 생수를 가지고 급히 마을로 돌아갔던 것이다."

호온은 예리한 통찰력으로 정확하게 분석하였다. 그의 규명은 아주 선명하게 예수 그리스도의 동기유발을 보여 주고 있는 것이다. 예수님이 사마라아 여자의 주의를 끌었듯이, 당신도 학습하려는 아이들의 주의를 공과로 끌어들여야 한다. 예수님께서 사마리아 여자의 주의를 끌기 위해 사용하신 도구들은 다음과 같다.

상황의 이용 : "물을 길러오다."

접촉의 마련 : "물을 달라."

흥미를 줌 : 유대인의 사마리아인에 대한 터부를 파기하다.

대화의 활용 : 물에 대한 이야기에서 생수의 이야기로 전환하다.

필요를 자극 : "네 남편을 불러오라"

예수님의 동기유발은 사마리아 여자로부터 시작된 것이다. 그리고 그녀의 각성을 촉구하는 방법으로 생수에 대한 진리를 가르치셨다.

2) 학습에 있어서 동기유발의 원리

학습의 동기유발은 학과 학습진행의 주제 및 학습의 목적과 내용이 연결되어 나가는 접촉점이라고 하겠다. 동기유발은 어떤 활동에든지 필요한 것이며, 동기유발의 촉발된 활동은 참여하는 이들의 작업을 강화시킨다.

이것은 목적에 따라 여러 가지의 형태를 지니는 것이다. 즉 학습에는 학습을 위해서만 효과적으로 이용될 수 있는 동기가 있는 것이다. 학습에 있어서의 동기유발을 일으키는 원리는 무엇인가? 우리는 그것을 세 가지로 살필 수 있다.

경험 : 학습하는 아이들의 경험적인 차원에서 출발하라는 것이다. 우리는 그 사례를, 예수님께서 사마리아 여자를 가르치셨던 것에서 볼 수 있다. 예수님은 그 여자의 삶의 환경에서 동기를 찾으셨다.

선행 : 학습에 선행되는 나용을 포착하라는 것이다. 아이들이 이미 경험한 사실을 보강시키고, 거기에서 새로운 학습으로 출발해야 한다.

자극 : 학습자들의 경험을 자극할 수 있는 활동이나 사진(그림, 사진, 실물)이

이용될 수 있음을 알아야 한다는 것이다. 이것은 동기를 강화하는데 효과적인 매개체가 된다.

이밖에, 학습을 위해 동기유발을 활용할 때 교사가 주의해야 할 사항들이 또 있다. 곧 동기유발의 내용과 도입에 대한 소요시간의 관계가 학습의 전체적인 규모와 조화를 이루어야 한다는 것이다, 특히 동기유발은 그날 학습하게 되는 내용이 주제와 목적에 연결되어야 하고 수업활동을 촉진시키는 정도의 시간 속에서 이루어져야 한다.

교수-학습에 약속되어 있는 시간이 30분이라면 4~6분 정도가 도입의 시간으로 알맞다. 만일, 25분 정도라면 길어야 5분을 넘지 않도록 해야 한다. 도입에서 너무 많이 시간을 소모하여 '정리'를 하지 못하고 수업을 끝내는 학급을 많이 보아왔기 때문에 특히 이 점에 유의했으면 한다.

4. 동기유발의 종류(내용)

1) 학습하는 아이들을 격려하라

학습자가 학습목표 달성에 자신감을 가지면 학습동기가 높아지기 마련이다. 학습을 해낼 수 있다는 격려와 아낌없는 칭찬은 학습을 촉진시킨다. 이를 증명하는 사례를 헤임 기너트의 글에서 옮겨본다.

"클리포드는 그림에 아주 재주있는 학생이었다. 그러나 그는 언제나 끝마치기 전에 그림을 찢는 버릇이 있었다.

그의 여선생은 클리포드를 도와주려면, 그에게 접근해서 부드러운 방법을 써야 한다는 것을 알고 있었다. 그래서 그가 그림 그리는 곁을 지날 때마다,

'네가 그린 집은 디자인이 근사하구나.' 라고 말해 주었다.

또는, '네가 그린 집은 디자인이 근사하구나.'

'네가 그리는 것을 쭉 지켜보았는데 내가 좋아하는 색깔이 많더라.' 라고 말해 주었다.

그럴 때마다 클리포드의 얼굴에서는 미소가 그치지 않았고 아이들도 그의 특기를 눈치채기 시작하였다. 클리포드는 이런 선생님의 관심표명이 즐거웠을 뿐만 아니라 더욱 열심히 그림을 그리고 싶어졌다."

여기에서는 교사의 적극적인 활동이라고 할 수 있는 격려. 칭찬이 학습에 필요하다는 것을 깨닫게 한다. 따라서 당신은 아이들에게 그들이 학습에 참여하는 자세를 칭찬과 아울러 격려함으로써 학습동기를 강하게 할 수 있다. 또한 학습경험과 관련시켜서 학습목표의 달성을 쉽게 이룰 수 있다고 격려할 수 있는 것이다.

레위 사람인 요셉은 그의 재산을 팔아 그 돈을 사도들에게 내 놓았고 사도들은 그를 격려의 아들인 바나바라는 이름을 붙여 주었다. 새로 개종한 바울이 의심이 많은 제자들과 합하려 애쓰자, 바나바가 그의 이름처럼 바울을 대신해서 변호하였다. 예루살렘 교회가 바나바를 안디옥의 그리스도인들을 살피기 위해서 파송하였을 때, "그는 기뻐하였고 그들은 격려했다....바나바는 착한 사람이요 성령과 믿음이 충만한 자라"(행 11:23, 24).

바나바는 계속해서 바울을 격려하였고, 그의 친 조카인 요한 마

가를 위해서도 그리하였다. 누구나 격려자가 필요하다! 우리는 하나님께서 내게 맡겨 주신 학생들에게 바나바가 되어야 한다. 그리고 그렇게 될 수 있다. 예수님께서 우리에게 격려의 말을 하셨던 것처럼, 우리도 학생들과 함께 수업을 할 때 격려로 시작해야 한다.

우리의 언어는 훈련되어야 하며, 거칠어서는 안 된다. 교사가 학생들을 격려하는 것에는 다음과 같은 7가지 지침이 있다.

① 학생들을 존중하며 다루라.
각각의 학생들은 하나님의 형상대로 창조되었다.

② 학생들을 있는 그대로 받아들여라.
하나님은 각 사람을 무조건적으로 사랑하셨다. 학생의 행동이나 성적에 따라 사랑을 주거나 수용하려 하지 말라.

③ 학생의 긍정적인 면만을 보라.
긍정적인 면을 찾아 이야기해 주어라. 그들의 용기를 잃게 하는 말이나 행동을 삼가라. 또한 부정적인 얼굴 표정이나 몸짓을 피하라.

④ 긍정적인 기대를 하라.
우리는 학생들에 대한 우리의 기대를 바꿈으로서 행동이나 자아상에 영향을 미칠 수 있다. 교사가 학생들을 신뢰하고 있는 것을 그들이 알게 하라.

⑤ 학생들의 노력과 발달을 인정하라.
성적이나 업적을 강조하지 말라. 학생의 노력과 발달만을 강조하라. 자라는 시절에는 과정이 결과보다 중요하다. 공작이나 연극 같은 성경학습활동을 할 때, 변화된 태도나 행동에 목적을 두는 것이 상을 받는 결과보다 중요하다. 그들의 성장을 격려하라.

⑥ 교사의 어휘나 문장에 수식어를 붙이지 말라.
우리는 한 손으로 주지도 말고, 다른 손으로 받지도 말아야 한다.

⑦ 격려하는 말을 충분히 사용하라.

2) 학습목표를 명확히 알도록 하라

교사가 말을 하기 전까지 아이들의 마음은 다른 일에 쏠려 있는 것이다. 그러므로 교사는 오늘 학습할 교과의 제목을 아이들과 함께 읽고, 무엇을 공부하게 되는가를 파악하도록 한다. 아이들은 교과와는 관계없는 흥밋거리에 빠져들기 쉬우므로 관심을 교과로 집중시켜야 한다.

교사가 아이들에게 학습목표를 제시하는 방법을 김재복은 이렇게 가르쳐 주고 있다.

- 교사에 의한 목표제시 및 설명
- 학습목표에 도달된 모델 행동 또는 모델의 제시(여기에는, 목표에 도달된 행위의 시범이나 완성된 작품의 제시, 또는 슬라이드나 영화에 의한 모델이 있을 수 있다)
- 학습목표에 도달하였을 때 해결되는 내용의 표본제시

3) 아이들의 관심을 자극하라

학습과 관련해서 아이들의 주의를 끄집어내고, 그들의 생각을 함께 나눌 때 학습동기는 높아진다. 예컨대, 학습목표에 달성되었을 때 아이들이 얻게 되는 유익이 무엇인가를 알도록 하는 것이다. 이것은 보상을 자극하는 것으로써 학습참여를 촉진시킨다. 여기에서는 "학습한 것을 어떤 문제사태에 적용하여 그 사태를 원활히 해결하는 구체적인 예를 제시하는 것이다.

또한, 그림이나 지도, 슬라이드 필름, 퍼즐로 꾸며진 그림 따위를 보여줌으로써 호기심을 자극하고 아이들의 흥미를 불러일으킬 수 있다. 이를 통해서 아이들은 학습과제에 주의를 집중하게 되는 것이다.

4) 주의를 모음 : 칭찬으로 시작하라

우리는 교사와 학생들의 관계에서 우선, 그들이 교사에게 흥미를 갖고, 다가와야 한다고 본다. 사실, 수업에 대한 기대는 교사를 향한 관심에서부터 출발하는 것이기 때문이다. 그러므로 우리는 학생들의 주의를 모으는 선수가 되어야 한다. 교사가 학생들에게 보여 진다는 것부터 그들의 주의를 끄는 것이 되어야 한다.

주의를 모은다는 것은 자신의 행동이나 말을 통하여 상대방의 마음에 접근 하고자 하는 방법이다. 많은 사람들은 자신이 다른 사람으로부터 관심을 갖게 하고자 자신을 여러 모습으로 나타낸다. 이러한 방법으로 그는 말과 몸짓, 또는 툭치는 일로서 한다. 그리고 어떤 물건을 보여 주기도 한다. 이것은 상대방으로부터 관심을 나타내게 하는 좋은 방법들이 된다.

특히, 교사는 주의를 끄는 것에 대하여 상당한 관심을 가지고 있어야 한다. 가령, 교사가 학생들과 함께 예배하면서 대표로 기도할 때나 성경공부를 할 때에 대하여 생각해 보자. 교사가 학생들의 언어를 사용하지 않고, 자신의 언어를 그대로 사용한다면 그들은 교사의 감정을 이해하지 못한다.

그런데 예수님께서는 어떻게 하셨는가? 주님께서는 자신을 사람들에게로 맞추셨다. 우리는 예수님처럼 사람들의 생활에서 쓰이는 친근감이 있는 말을 사용함으로써 그들을 교사에게 집중시킬 수 있다. 또한, 진리를 그들의 삶에 적용시킬 때도, 학생들의 세계에서 일어나는 예를 들어 적용해야 한다. 이 경우, 발달이론에 맞추어 적용할 수 있어야함은 당연하다.

열려있는 현장의 공과학습은 교사와 학생들이 적극적으로 참여할 때 가능해진다. 아이들의 적극적인 참여 없이 삶을 변화시킬 수 있는 창조적인 학습을 기대할 수는 없는 것이다. 그것은 이론적인 환상에 불과해진다. 따라서 가르치는 교사나 배우는 학생들이 성경에 대하여 열린 교실을 경험하려면, 양자 모두 능동적인 자세를 가져야 한다.

이를 위한 최선의 방법은 칭찬이다. 칭찬은 교사와 학생에게 수업에의 욕구를 갖도록 해 준다. 그러나 무의미한, 아무런 동기도 제공해 줄 수 없는 칭찬은 오히려 수업에 역효과를 가져온다. 그렇기 때문에 교사는 칭찬의 명사수가 되어 있어야 한다. 학생들이 능동적으로 수업에 참여할 수 있도록 격려해 주고, 지지해 주는 칭찬을 해야 한다.

학습자들로 하여금 자발적으로 수업에 참여하게 할 수 있는 방법에 대하여 그릭스(Donaid L. Griggs)는 칭찬을 강조한다.

"교사로부터 격려나 칭찬 또는 다른 고무적인 반응을 받은 학생들은 더욱 더 참가의욕이 강해지고 많이 활동하게 된다."

그는 이어서, 우리의 의식적으로 선택하는 교수법보다는 오히려 습관에 젖은 한 두 마디의 말들에 대하여 지적한다. 언제나 똑같이 반복하는 레퍼토리로 사용하고 있어서 교수-학습의 신선함을 떨어뜨리고 있다는 것이다.

"우리들 각자는 반응의 레퍼토리를 더욱 넓혀서 우리가 '아. 좋구나' 라고 하였을 때, 실제로 잘 하였다는 감정이 학습자에게 전달되어야 한다. 학생이 언제나 듣는 상투적인 반응이 어서는 안된다."

교사가 교수-학습을 시작할 때, 아이들이 격려를 받으면서 공과 공부에 참여할 수 있는 동기를 마련해 주는 말에는 다음과 같은 것들이 있다.

- 참 훌륭하구나!
- 멋진 일이다.
- 잘했어!
- 중요한 사실을 발견했구나.

5) 성경으로 시작하라

교사가 공과학습을 시작할 때, 성경을 사용하면 어떤 변화가 일어나는가? 교사가 성경을 사용할 때, 경건하게 아끼는 자세로 다루면, 아이들도 '성경이 정말 하나님의 말씀인가 보다' 라고 생각하게 될 것이다.

우리는 공과학습 시에 성경을 펴들고 가르쳐야 한다. 성경이 아닌, 공과책을 들고 가르쳐서는 안 된다. 공과교재의 내용은 필요에 따라 조그만 쪽지에 쓸 것을 써서 성경 속에 끼워 두면 편리할 것이다.

성구는 반드시 펴 든 성경에서 읽어야 한다. 미리 그 주일에 해당되는 모든 구절들을 찾아서 몇 번 읽어보아 두면 빨리 찾을 수 있을 뿐만 아니라 멋있게 읽을 수 있다. 성경을 읽다가 새로운 인물이 나오면 고개를 돌리고 음성을 크게 한다든가, 작게 한다든가 또 말을 느리게 한다든가, 빨리 해서 그 인물이 잘 나타나도록 하면 좋을 것이다.

다음의 방법을 참고로 하자.

- 여성 인물이 말 한 구절엔 가는 밑줄을 쳐 두자.
- 남성 인물이 말 한 구절엔 굵은 밑줄을 쳐 두자.
- 고개를 어느 쪽으로 돌려야 하는지에 대해서는 오른쪽으로 또는 왼쪽으로 돌린다는 조그만 표식을 해 두자.

학생들도 자기 성경을 갖고 있으면 주의해서 다루게 하고, 잘 간수하도록 타이르자. 그리고 고운 색으로 그려지거나 성화로 디자인된 서표(book mark, 책갈피)를 이야기가 나오는 곳에 꽂아 두게 한다. 그래서 집에 가서 나중에 그곳을 펼쳐 부모님께 읽어 주시도록 하자.

성경을 읽는 부분에서, 요절의 암송을 놓쳐서는 안 된다. 학생들이 공과를 학습할 때, 그들의 암송 능력을 최대한으로 발휘할 수 있도록 한다. 매주 요절을 가르칠 때 그 요절을 학생들의 일상생활에 적용할 수 있도록 지도한다.

학생들이 완전히 암기하고 있는지 알아보도록 한다. 교사가 요절의 첫 마디를 시작하고, 학생들이 뒷말을 이어서 끝을 내도록 한다. 공과의 매 과마다 암송해야 하는 요절이 제시되어 있다. 이 암송할 구절들은 모두 성경 구절이라는 사실을 명백히 한다.

어린이들이 자기의 성경을 가지고 있으면 그 성경에서 그 구절들을 찾아보도록 지도하자. 간혹 어린이들 중에는 다른 성경사본을 가지고 제시된 구절을 암송하는 수도 있을 것이다. 말이 약간 틀리더라도 학생이 외운 성경구절을 옳다고 인정해야 한다.

복음주의 교사훈련협회의 지도자들이 제시하는 동기유발의 방법들을 소개하고자 한다. 교과에 대한 흥미를 일으키는 방법 다섯 가지다.

① **시사적인 사건들 :** 아이들은 텔레비전을 보고 알고 있는 시사적인 이야기에 관심을 지니고 있다. 따라서 이 문제들을 꺼내서 그들과 함께 생각을 나누라.

② **이야기와 예화 :** 어떤 종류의 이야기, 또는 다른 사람들의 사건에 대하여 아이들은 관심을 쏟는다. 특히 예화는 그들이 흥미를 불러일으키는 촉매제가 된다.

③ **숙제의 보고 :** 아이들은 자신들의 활동에 관심을 기울인다. 그러므로 완성된 숙제를 보고하도록 함으로써 수업을 시작하도록 하라.

④ **상상적인 문제-질문과 대답 :** 아이들의 일상생활에 관련된 질문을 함으로써 학습으로 유도하라.

⑤ **시각도구의 사용 :** 시청각자료를 이용해서 교과에 관심을 지니도록 하라.

010_Steps

공과공부 2코스
–어떻게 전개해야 하는가?

1. 학습을 위한 진행으로서의 단계

동기유발에 의하여 아이들의 학습촉진이 강화되면 교사는 설정된 계획에 따라 학습을 진행하게 된다. 그리고 아이들은 명확하게 인식한 학습목표를 향해서 나아가게 된다. 이러한 과정을 전개라고 하는 것이다. 전개는 '학습진행', '내용전개'라는 이름으로도 표현되고 있다. 내용전개는 그 주일에 가르치는 공과학습의 중심이 되는 본론이다.

성경공부에 있어서 전개는 "성경 속에 나타난 하나님의 진리를 발견하고, 그 의미를 깨닫는 단계"라고 로이스 르바가 지적한 것처럼 진리 이해에 역점을 두어야 하는 것이다. 이를, 임영택은 "학생으로 하여금 의미심장한 경험을 갖게 하는 것"이라고 표현하였다.

아이들은 이 단계에서 도입에서 일어난 동기유발을 통하여 학습하게 되는 성경의 진리와 학습하는 아이들의 삶이 만나는 과정이 있게 되며, 이는 다시 가장 의미심장한 경험으로 연결된다.

내용의 전개에서는 교사가 마련한 교수-학습의 매체가 동원된다. 그리고 다양한 교수활동이 학습에 효과를 위해 활용되는 것이다.

그러나 아무래도 교수를 주도하는 수단은 교사의 입과 화술이라고 할 수 있다. 교수의 화술은 확실히 하나의 교구(도구)적인 역할을 하는 것이다. 그러므로 성경공부의 본론(중심)이라고 할 수 있는 내용전개에서는 화술의 능력에 따라 학습효과가 좌우된다고 하겠다.

화술에서는 음성, 음색, 발음, 말솜씨가 포함되는데, 박상호는 두 사람이 함께 엮은 「교육실습」에서 좋은 화술의 요령을 다음과 같이 일러주고 있다.

- 엄숙하고 자신 있는 태도로 말해야 한다. 즉 교사의 말에 아이들이 자신도 모르는 사이에 그 말 속으로 들어갈 수 있어야 하는 것이다.
- 음성, 음색, 발음을 조화 있게 나타내어야 한다.
- 말의 표현이 세련되어야 한다. 저속한 표현은 피하는 것이 좋다.
- 유머를 잘 구사해야 한다.
- 내용을 강조하거나 감탄하는 말을 때때로 사용해야 한다.
- 학습장면에 따라 언제나 화제를 능숙하게 바꾸어 나가야 한다.
- 여러 가지의 사건이나 사실을 건설적이면서 신선하게 풀어나가야 한다.
- 듣는 아이들의 반응에 따라 내용이나 말솜씨를 조절하고, 절대로 분노해서는 안 된다.

교육대학에서 교직과목을 이수 할 때 교사의 말에 대하여 연구하는 과정이 있다. 이때, 모든 이들은 교실에서의 용어를 익히느라고 애를 쓰게 된다. 대체로 다음과 같은 내용에 주의를 기울인다.

- 학습자들이 사용하는 언어를 선택하라.
- 가르치려는 내용을 학습자들의 세계로 끌어들여서 설명하라.
- 학습자들의 경험 범위에 대입시켜라.
- 아이들이 생각할 수 있도록 시간을 주면서 진행하라.
- 호흡이 짧은 단문구조의 형식으로 말을 하라.
- 한 문장에서 하나의 개념만을 생각하도록 복문은 피해야 한다.
- 해답은 일러주지 말고 해답에 이르도록 하라.
- 하나의 이야기에는 하나의 비유를 들어라.

2. 성경을 가르치는 수업

내용전개는 학습방법으로 이루어지는데, 수업에 있어서 학습은 대개 전습법과 분습법으로 행하게 된다. 전습법이란, 학습할 내용을 처음부터 끝까지 한꺼번에 다루어가는 방법을 가리킨다.

분습법은 학습할 내용을 여러 가지 단락으로 구분해서 따로따로 학습한 다음에 다시 (마무리의 형식으로)전체로서 종합하는 방법을 말한다.

전습법 및 분습법은 학습하게 되는 내용에 따라서 효과적으로 이용되는 교수 전개법이다.

한편, 분습법을 이용해서 반복적 분습법이 효과적인 학습법으로 사용되고 있다. 이것은 분습법이 단계적으로 학습을 하게 되어 있는 까닭에 학습이 전체적으로 연결되지 않으며, 학습의 내용을 전체적으로 파악할 수 없기 때문에 이용되고 있다. 그러니까 집중적인 학습을 위한 효과적인 학습방법인 것이다.

당신의 성경학습은 어떤 방법을 따르고 있다고 생각하는가? 우리의 공과편성은 단순히 순수한 분습법을 따르도록 되어있다. 성경공부의 전개가 성경본문을 내용순서로 분해하고, 그 순서에 의해서 진리를 이해하고 발견하도록 짜여 있는 것이다. 한 예로, 공과의 내용을 살피면 다음과 같다.

공과 실예 1)

제목 : 약속을 지키시는 하나님
줄거리 : 아브라함에게 아들을 주시기로 약속하신 하나님의 약속 성취
성경본문 : 창세기 15장, 17:1~22

학습내용의 전개
① 아브라함이 하나님을 믿다(창 15:1~6)
② 아브라함에게 주신 언약(창 15:7~21)
③ 하나님께서 아브라함을 격려하시다(창 17:1~8)
④ 사래의 새 이름(창 17:15~21)

공과 실예 2)

제목 : 이겨내는 사람이 되셔요
줄거리 : 주님을 모시고 세상에서 승리하는 믿음의 사람이 되게하는 자세의 고취
성경본문 : 누가복음 22:1~6, 31~39; 요한복음 13:21~30, 14~16; 마태복음 26:26~29

학습내용의 전개
① 예수님을 대적하는 사탄의 음모(눅 22:1~6, 31~39; 요한복음 13:21~30)
② 예수님 자신이 죽음을 말씀하시다(마 26:26~29)
③ 사탄이 믿는 사람들을 치다(눅 22:31~39)
④ 예수님께서 우리를 인도하실 성령에 대해 말씀하시다.(요 13:14~16)

당신은 반드시 아이들에게 공과를 가르쳐야 하는데, 꼭 하나님의 말씀을 그들에게 가르쳐야 한다. 즉 당신의 교수-학습으로 당신과 아이들이 다 베뢰아 사람이 되어야 한다는 것이다.

"베뢰아 사람은 데살로니가에 있는 사람보다 더 신사적이어서 간절한 마음으로 말씀을 받고 이것이 그러한가 하여 날마다 성경을 상고하므로"(행 17:11).

교사인 당신을 위하여 사도 누가가 이 기록을 남겼다고 생각한다. 필자는 본 글에서 기회가 있을 때마다 성경을 가르치라고 강조해 왔다. 우리의 주일학교가 참으로 성경을 공부하는 학교가 되기 위해서 당신은 당신의 교수-학습이 진행되는 교실을 '더 신사적'으로 만들어야 하겠다.

베뢰아 사람들을 따라갈 뿐아니라 그들보다 '더 신사적'이 되어야 하지 않겠는가! 존 사이즈 모어도 이같이 강조하면서 "주일학교 교사들은 오늘날 모든 교육하는 핵심점이 성경을 공부하도록 하는 것이어야 한다."고 하였다. 그렇다! 틀림없이 당신의 공과공부시간은 성경을 공부하는 것에 바쳐져야 한다.

우리는 가르칠만한 것들의 유혹을 받고 있다. 자라나는 세대들에게 자연의 법칙을 가르치고 싶어 하고, 또한 높은 수준의 도덕과 문화에 대해서도 지식을 쌓게 하고 싶은 충동을 받는다. 이것은 탓할 일이 아니다. 교육자라면 적어도 이러한 자세를 지니고 있어야 하기 때문이다.

그러나 생각해 보라! 매주일 오전 또는 오후의 한 두 시간밖에 없는 교회의 교육을 성경을 가르치는 대신에 일반적인 지식을 가르친다면 주일학교라는 기구가 해야 할 일은 무엇이란 말인가?

우리들은 아이들에게 가르쳐야 할 것이 많이 있지만, 오직 성경을 가르치는 일에 전심전력해야 한다. 주일학교는 성경을 가르치는 곳이요, 성경만이 생명을 가진 사람으로 길러 주기 때문이다. 성경을 가르치고, 성경을 배우는데 시간을 바쳐라!

3. 공과학습에서 성경의 사용

대부분의 교사들은 공과교재에 충실해 왔다. 그들은 공과에 제시되어 있는 '학습진행' 란을 읽고, 그것을 설명해 주는 형태로 수업하고 있다.

여기에서 당신이 주목해야 할 몇 가지를 지적하고 싶다. 교사가 그대로 수업을 전개하면서 아이들과 함께 성경 한 구절도 찾아보지 않는 학급이 있는 것도 사실이다. 또한 어느 교사는, 성경본문을 읽다보면 수업시간이 많이 빼앗기므로 교사가 성경의 줄거리만을 이야기해 준 다음에 공부를 한다.

아이들은 성경을 학습해야지 공과를 학습해서는 안 되는 것이다. 공과는 이미 성경을 가르치기 위해서 체계 있게 작성한 커리큘럼이라고 밝힌 바 있다. 당신은 성경을 가르쳐야 한다. 그리고 공과교재는 당신의 성경수업을 위하여 보조 자료로 사용되어야 할 것이다.

그러므로, 변할 수 없는 두 가지의 일을 권하고 싶다. 첫째는 '성경을 펼쳐서 읽으라' 이고, 둘째는 '만들어진 공과를 그대로 가르치지 말라' 는 것이다.

당신은 커리큘럼에 따라 공과를 가르쳐야 한다. 그러나 그것은 어디까지나 성경을 가르치기 위한 공과이므로, 성경본문을 탐구하고, 공과교재를 분석해서 당신의 공과를 준비하여 가르칠 때 비로소 바른 공과공부가 될 것이다.

당신은 도입에 이어 수업이 '전개과정' 에 이를 때, 성경책의 뚜껑을 열어 '오늘의 말씀' 또는 '성경본문' 에서 제시되어 있는 말씀을 아이들과 함께 읽어야 한다. 이 일은 그 날의 공과공부에 대한 본문 이 되어야 하는 것이다. 이렇게 할 때 아이들은 성경공부를 하겠다는 의욕에 부추김을 받게 된다.

시간을 핑계대지 말라. 성경본문의 내용이 많아서 시간이 길게 소요된 까닭에 공과의 진도가 더디게 될지라도, 성경을 읽은 것만으로도 그날의 수업은 성공을 거둔 것이다. 당신은 공과공부를 전개하면서 하나님의 원하심을 살피는 것보다 당신의 생각이 앞서지 않도록 해야 한다.

"성경은 오늘을 사는 사람들에게 오늘에 말씀하시는 하나님의 말씀"이라고 양승헌이 말한바 있다. 하나님께서는 오늘을 사는 아이들을 향하여 말씀하신다. 그러므로 우리는 하나님께서 말씀하시도록 아이들에게 성경을 펼치게 해야 한다.

우리가 할 일은 단지 그들이 진리를 발견하도록 인도하는 일이다. 이것은 어떻게 이루어지는가?

하워드 콜슨이 성경공부의 지도요령에 대하여 적절한 안내를 해주고 있다. 우선 그의 견해를 옮겨 본다.

"성경의 각 구절은 적어도 하나의 중요한 사상을 내포하고 있다. 이 사상 또는 중심진리를 발견하고 이것을 당신 자신의 말로 가르치는 일이 당신이 할 일인 것이다."

조금 길어지겠지만 콜슨의 성경공부 요령을 소개한다.

① 구절의 말씀을 하나의 초점에 맞추라

교사는 성경구절을 읽으면서, 그 구절이 내포하고 있는 중심이 되는 진리를 발견하게 된다. 그때, 그는 그 말씀에 포함되어 있는 여러 진리들 가운데서 가장 핵심이 되는 진리를 찾아내야 한다. 여기에서 이런 질문을 던질 수 있다.

"이 구절이 나에게 강조해서 말하는 것은 무엇이며, 아이들의 영적인 필요에 채워져야 할 것은 무엇인가?"

교사는 아이들과 같이 나눌 중심진리를 찾아야 한다. 이 중심진리는 그날 공과공부를 풍부하게 해주는 것이다. 만일 중심진리가 흐려 있는 상태에서 수업이 전개되었다면 그것은 틀림없이 실패한 일에 지나지 않는 것이다.

중심진리를 찾는 방법에는 두 단계가 있다. 그 중에 우선적인 방법이 바로 구절의 말씀을 하나의 초점에 맞추는 것이다.

이것은 하나의 문장으로 갖추어질 수 있는 메시지를 가리킨다. 몇 개의 예를 보자.

창세기 11:1~9 : 바벨탑을 쌓은 사람들

대홍수가 있은 다음에 노아의 후손들이 바벨론의 평지에 흩어져 살았는데 그들은 자신들의 영광을 위해 바벨탑을 쌓고자 하였다. 이 일은 '하나님이 우리에게 필요 없다'고 하는 그들의 오만함을 드러낸 것일 뿐이었다. 그래서 하나님께서 그들의 언어를 혼잡케 하셨고, 그 결과 탑쌓는 일이 실패로 돌아갔다. 이 말씀의 중심 진리는 이렇게 요약할 수 있다. "창조주 하나님을 제쳐두는 것은 죄가 되며 이것은 혼란과 분열을 가져다준다.

요한복음 20:19~31/ 의심 많은 도마

도마는 용기있는 예수님의 제자였지만 또한 의심이 많았다. 그의 믿음은 증거를 바라고, 합리적인데 기초하고 있었다. 다른 제자들이 예수님의 부활을 이야기할 때도 도마는 믿지 못하였다. 그런데 부활하신 예수님께서 도마에게 나타나시자 비로소 예수님의 창자국, 못자국을 보고 예수님의 부활을 믿었다.

이 말씀의 중심진리는 이렇다. "그리스도인의 삶은 보이는 대로 믿는 생활이 아니라 보지 않고도 믿음으로 사는 것이다.

② 진리를 현재시제의 용어로 말하라

성경은 과거의 이야기이지만 오늘의 이야기이기도 하다. 당신이 만일 누가복음 15:11~24절의 탕자의 비유 이야기를 '예수님께서 말씀하셨다' 라는 형식으로, 이미 전에 있었던 일로만 가르친다면 그것은 어떤 책의 내용을 들려주는 것에 그칠 뿐이다.

따라서 중심진리를 과거의 진리였다는 역사적 사실로 말하는 것보다 오늘날의 생활에 적용할 수 있는 일반 원리로써 말하는 것이 대단히 중요하다.

왕의 신하의 아들을 예수님께서 고쳐 주셨던 기록(요 4:46~54)을 공부할 때, 예수님께서 그 신하의 간청과 믿음에 응답하여 그의 아들을 고쳐 주셨다는 것을 말해 주고 이렇게 덧붙여야 한다. "예수님께서는 필요에 대한 간청과 믿음이 태도에 사랑스럽게 응답하신다."

4. 학습활동의 전개를 위한 방법

내용전개는 사실상의 성경공부이므로 학습을 효과적으로 달성하기 위한 방법들이 동원되어야 한다.

아이들이 성경의 사실들에 부딪히면서 보다 창의적이고 다양한 경험을 주는 학습활동이 있어야 하는 것이다. 풍부한 경험일수록 생생한 학습이 있도록 한다.

내용전개에서 활용될 수 있는 학습활동에는 다음과 같은 것들을 들 수 있다.

청각활동 : 듣기에 속하는 활동

시각활동 : 눈으로 볼 수 있는 활동

토의활동 : 구두적인, 묻고 대답하며 토의하는 활동

두뇌활동 : 지적인 일에 속하는 활동

감정활동 : 정서적인 것에 기초를 둔 활동

경험활동 : 체험을 위주로 한 활동

아이들은 한결같이 한 방법으로 학습하지 않는다. 그리고 아이들 각자는 자기 자신의 특수한 방법으로 배운다.

따라서 교사는 학습활동을 선택할 때 신중해야 한다. 그리고 지침을 세워서 학습활동이 고려되어야 하는 것이다. 교사가 학습활동을 선택할 때 염두에 두어야 할 사항을 싸이즈모어는 이렇게 작성하였다.

– 학생들의 연령과 성

– 학생들이 가지고 있는 동기의 정도

– 배워야 할 성경재료의 종류

– 주제에 대한 학생들의 현재의 지식

– 얻으려고 하는 결과의 종류

– 학생들의 필요

하워드 햄은 내용전개에서, 아이들이 활동하는데 적용되어야 될 여덟 가지의 기준을 말하고 있다.

① 모든 아이들이 골고루 참여하는 기회가 제공되어야 한다. 한 사람의 활동은 다른 아이들에게 흥미와 자극을 줄 수 있지만 반면에 분열을 일으킬 수도 있다.

② 참여된 활동에는 용기를 부여해 주어야 한다.

③ 능동적인 참여하도록 창의적인 분위기를 조성해야 한다.

④ 창의력을 표현할 수 있는 다양한 활동이어야 하고, 반복적으로 해서 실증을 일으키는 활동은 안 된다.

⑤ 새로운 활동이 소개될 때는 그 방법의 가능성이 충분하게 적용되도록 설명해 주어야 한다.

⑥ 교수-학습의 목적에 적합해야 한다.

⑦ 학습경험의 연속성과 발전을 이루는 것으로 선택하여, 점진적으로 다른 학습과 연결하고 또 학생의 삶 속에 모아지도록 한다.

⑧ 아이들의 관심과 경험에 초점해서 심리학적 차원에서 이끌어야 한다.

이와 같은 기준에서 교사는 공과학습의 활동을 선택하여 성경공부를 풍부하게 해야 한다.

당신은 교수목적에 따라 아이들에 대한 이해, 학습해야 할 교재의 내용, 주어져 있는 교실환경을 고려하여 적절한 교수-학습 활동을 계획해야 한다.

011_Steps

공과공부 3코스

– 어떻게 마무리 해야 하는가?

1. 학습에서 정리의 의미

학습진행의 정리는 지금까지 학습해 온 전체 내용을 총괄하여 조직하고 결론을 짓는 교수– 학습의 종결을 가리킨다. 즉, 산을 정복하는 것을 목적으로 등산을 하는 과정이 도입과 전개라면, 산의 정상에 오른 다음에 산의 위치나 지형 등을 돌아보고 정복에 대한 느낌을 맛본 뒤, 다시 산을 내려오는 과정이 바로 정리다.

정리는 '정착' 이라는 용어로 말하기도 하는데, 이 단계에서는 "전개과정을 통해서, 성경 속에 나타난 하나님의 진리를 발견한 것에 대하여 '삶에 적용하며 구체적인 순종으로 반응하도록' 이끌어야만 하는 것이다"

이것이 정리단계에서 달성되어야 하고, 만일 그렇게 되지 아니하면 정리 단계는 실패에 그치고 마는 것이다. 즉 정리를 하지 못했다고 볼 수밖에 없다.

전풍자는 주일학교에서 성경학습이 실시되는 단계를 앎, 깨달음, 행함으로 보았다. 그녀에 따르면 행함의 과정을 거침으로써 비로소 성경진리가 학습되었다고 할 수 있는 것이다.

그리고 이 '행함' 은 정리의 단계에서 진리가 아이들(학습자)에게 정착되고, 이 정착은 방응=순종으로 나타나 곧 행함으로 연결되어서 삶으로 드러나야 한다고 하였다.

성경학습의 결국은 무엇인가? 그것은 신앙이다.

"주일학교의 성경공부는 지식을 축척하는 것이 아니고 신앙에 초점을 두고 있으므로 당연히 삶과 연결되어 있는 것이다."

따라서 아이들이 지금까지의 학습으로 진리를 알고 깨달았다면 정리 과정에서 진리에 대한 반응이 촉구되어야 한다. 배운 진리를 삶의 현장에서 행함으로 옮길 수 있도록 도와주며 이끄는 것이 이 단계에서 교사가 할 일이다. 복음 주의교사훈련협회 지도자들은 말한다.

"교사의 수업에는 교과의 요약이 반드시 포함되어야 한다. 수업시간의 결과를 종합하고 기본적인 사실들을 강조해야 한다."

정리를 위하여 소요되는 시간은 도입에서와 같이 5~7분 가량이 적당하다.

전개과정이 교수주도였다면 이 단계에서는 아이들이 학습한 것을 스스로 정리. 발표하는 형태를 지녀도 좋을 것이다. 이제, 당신이 정리를 할 때 표준적으로 이용할 수 있는 방법을 소개한다. 교사의 학습정리는 그날의 교수형태나 수업사태(수업이 진행된 분위기)에 따라 다소 양상이 달라지겠으나 다음의 방법들에서 다양한 선택이 있을 수 있다.

- 교사 자신이 본교시에서 다루었던 학습내용을 요약하여 설명한다.
- 학습한 내용 중에서 중심 되는 진리와 깨달아야 할 사항들을 질문하고 아이들은 대답한다.
- 아이들 스스로 본교시에서 학습한 내용을 요약해서 노트한다.
- 학습한 내용을 그림 또는 도표로 작성하는 작업을 한다. 이 과정에서 학습된 내용이 정리되는 것이다.
- 학습에 참가한 아이들의 숫자만큼 학습내용을 문단으로 나누어서 한 사람씩 그림을 그려보도록 한다.
- 학습한 것에 대하여 진리에 순종하는 다짐을 말해보게 한다.

정리의 단계에서 교사는, 아이들의 변화를 기대하여 '-이렇게 해야 한다,' 또는 '~하세요' 라고 말하기 십상인데, 이것은 꼭 지양해야 한다. 당신은 아이들의 변화를 요청해야 하지만 조작되니 경험에 따른 결단을 요구하려는 유혹을 떨쳐내야 한다.

만일 교사가 '여러분-을 -하세요' 라고 하면 아이들은 한결같이 '예' 하고 대답할 것이다. 그러면 당신은 '아이들이 잘 배웠구나' 라고 생각할지 모른다. 그러나 이와 같은 생각이 착각이었음을 곧 깨닫게 될 것이다.

진리에 대한 반응은 아이들 스스로의 변화의 영역이지 가르쳐서 되는 것이 아니다.

즉 말로써 이루어지는 것이 아니라는 사실이다. 전개과정이 '정리' 에서 자연스럽게 도출되어야 하는 것이다. 그러므로 당신은 아이들 스스로의 행동 및 느낌에 변화가 일어나도록 도와주어야 할 뿐이다.

2. 학생 교본의 사용

얼마 전까지만 해도 우리의 교회교육은 교사의 교수자료 조차 만족스럽지 못한 형편에서 실시되었다. 그런데 근래 들어 자라나는 세대들의 기독교교육에 보다 많은 관심을 쏟고 그 노력의 결실로 아이들이교재를 사용할 수 있게 되었다.

이것은 교과서 없이 공부하던 아이들에게 큰 선물이 아닐 수 없다. 공과교재를 발행하는 교단 교육국에서는 교사용 교재와 아울러 아이들의 학습용 교재를 펴내고 있다.

아이들의 교재는 그들이 학습하는데 있어서 '하나의 중요한 표현도구' 라고 할 수 있는 것이다.

즉 그 교재에는 아이들이 스스로 학습한 것을 적고, 또한 교재에 대하여 반응하는 여러 활동을 함으로써 본교시의 학습에 대한 아이들의 반응이 나타나게 마련이다.

따라서 아이들의 교재는 학습도구이므로, 교사가 수업을 진행할 때 가급적이면 아이들이 그들의 교재활동으로 본교시 학습의 정리를 달성하도록 이끌어야 한다.

아이들의 교재는 대개 내용 전개시에 학습하도록 하는 것과 정리의 단계에서 정리 및 정착을 유도하기 위해서 아이들 스스로 하는 학습활동(연습)을 통한 본교시 학습의 정리를 염두에 두고 있다.

일반적으로 초등학교에서 학습하는 패턴의 교재가 아니라, 교과를 이끌어가는 학습교과서는 교사용 교재에 의하며, 학습의 보조재료 역할이 바로 아이들의 교재라고 보면 될 것이다.

이것은 교수–학습이 교사용 교재(공과)중심으로 진행되어야 한다는 것을 가리키는 아주 중요한 사실이다.

그러므로 교사는 아이들이 그들의 교재를 다룸으로써 본교시 학습의 정리를 꾀하도록 해야 한다.

아이들의 교재는 본교시 수업시간에 꼭 해보도록 한다. 문장을 완성시키는 일이나 그림을 그리는 작업을 하도록 하여 학습의 워크북으로 사용되도록 해야 한다.

교육학의 관계자들은 학습에 대한 정의 '반응' 이라고 말한다.

그것은 클라렌스 벤슨이 정리한 말처럼, "가르친다는 것은 하나의 반응을 얻어내는 것 '이기 때문이다.

아이들이 그들의 교재를 다루는 활동은 곧 그날 행해진 본교시 수업에 대한 반응활동이다.

간혹, 교사들 가운데는 공과학습 시간에 아이들이 해보도록 되어 있는 내용을 다루지 않는 이들이 있다. 시간이 없다거나 아이들의 준비물의 미비를 핑계로 숙제로 하도록 하고 있다.

이것은 교사의 올바른 교수가 아니다. 그날에 행해진 학습은 그날 반응을 나타내도록 해야 한다. 그렇게 함으로써 아이들 스스로 학습에 대한 종결을 짓게 되는 것이다.

만일, 학습에 대한 종결이 없다면 있는 힘을 다하여 풍선을 불어 바람을 가득 채우고도 풍선의 아구를 묶는 조치를 취하지 않는 것이나 다를 바 없다. 따라서 혹시 시간에 쫓기더라도, 아이들의 교재는 학습을 한 그 시간에 다루도록 해야 하겠다.

수업을 정리하면서 아이들이 교재활동을 하지 못하는 가장 큰 원인은 아마도 준비물이 제대로 마련되지 않아서일 것이다.

초등부 아이들은 전교시의 학습 때(지난주일)교사가 부탁했던 준비물의 내용을 기억했다가 갖고 오겠지만 유년부 아이들은 자주 잊을 수 있다.

그들은 주일학교에 등교하는 주일 오전에야 부랴부랴 준비물을 챙길 수도 있는 것이다.

여기에서, 자연히 아이들은 준비물을 제대로 마련해 오지 못한다. 그러므로 유년부의 교사들은 색연필, 색싸인펜, 가위나 풀 따위를 늘 갖추어 두고 있어야 하겠다.

아이들의 학습을 위한 교사의 이와 같은 배려는 보다 풍부한 학습이 달성되도록 돕는 것이다.

3. 진리를 적용한 삶의 요청

- 예수님이 죽으심으로 이루어 주신 그 은혜를 받아 그 은혜에 보답하는 생활을 하도록 가르치자.
- 하나님의 말씀을 배우기 위해 날마다 충실히 성경일 읽도록 하자.
- 믿음으로 구원받은 어린이들이 세상에서 그리스도의 편지로서의 사명을 다하는 사람으로 자라게 한다.
- 어린이들로 하여금 하나님을 위하여 서로 힘을 합하고 남을 도와주는 생활을 하도록 이끈다.

위에서 볼 수 있는 것처럼 공과학습의 목표에는 생활과 관련시켜서 '~한 사람이 되게 하자' 또는 '~한 생활을 하도록 이끈다' 식으로 명시되어 있다.

결과적으로 공과공부의 최종 목표는 삶에 있는 것이다. 성경공부를 통해서 그리스도인의 삶을 살도록 이끄는 것이다.

바울 사도는 디모데에게 보낸 편지에서 이렇게 밝힌 바 있다.

"모든 성경은 하나님의 감동으로 된 것으로 교훈과 책망과 바르게 함과 의로 교육하기에 유익하니 이는 하나님의 사람으로 온전

케 하며 모든 선한 일을 행하기에 온전케 하려 함이니라."(딤후 3:16,17)

톰슨 스터디 바이블에서는 성경과 사람의 성숙관계에 대하여, "성경은 읽는 사람의 인격을 성숙하게 만드는데 그것은 성경의 사역으로 온전한 사람을 만드는 것" 이라고 하였다.

성경을 읽는다는 것은 곧 성경을 공부하는 일로, 성경은 성숙한 사람이 되도록 하는 교본인 것이다.

따라서, 우리들의 주일학교에서도 성경을 공부할 때 아이들의 인격적인 변화에 목표를 두어야 하겠다. 당신은 당신의 공과를 준비하는 단계에서 이미 아이들의 행동변화를 기대해야 하며, 교수-학습 후에 그 변화가 나타날 것을 기다려야 한다.

그러므로 교사는 정리단계에서, 공과에 담겨 있는 삶의 교훈을 아이들의 생활에 적용시켜서 그들 스스로의 삶에 대한 결단을 일으키도록 요청해야 한다.

리카르드 레이케르트는 이를 '의미심장한 경험' 을 갖게 하는 것이라고 하였다. 그에 따르면, 성경을 학습하는 과정에서 아이들의 마음을 움직이는 무엇이 일어나는데 "그것이 바로 의미심장한 경험이다"라고 하였다.

임영택은 말하기를, 의미심장한 경험의 의미성을 분석하는 시도로써 '나에게 주어지는 참 의미는 무엇인가' 를 질문하게 하고 돕는 단계 '가 바로 정리에서 있어야 한다고 하였다. 여기에서 아이들은 결단을 일으킬 수 있다.

교사가 할 일은 이것이다. 아이들의 결단을 유발해 내고 이 결단이 그들의 삶에서 표현되어, 학습을 한 직후부터 한 주간 동안의 삶이나 또는 그의 생활 전체에서 힘 있게 반영되는 행동이 있도록 도와야 하는 것이다. 우리말로 옮겨진 '거듭난 생활' 공과의 편집자들은 강조하기를, "공과학습에서 교사는 아이들이 영적인 진리에 순종하는 삶의 모델을 제시받도록 해야 한다"고 하였다.

또한, 로렌스 리춰즈도 "참다운 성경공부는 학습자의 생에 변화를 일으키는 것"이라고 역설하고 있다. 아이들이 말씀에 반응할 때 생명이 있는 교수- 학습이 된다는 것이다.

교사들은 누구나 자신의 교실에 생동력이 넘치기를 기대하고 있다. 무언가 살아서 꿈틀거리며, 무엇이 되고자 하는 움직임이 보이는 수업을 하고 싶은 것이다.

레이 로우젤이 한 말을 기억하자.

"당신의 학생들은 살아 있는가, 죽었는가? 당신은 당신이 가르치도록 되어 있는 학생들을 살리기 위해서 성경을 가르쳐야 한다. 이 성경을 책으로가 아니라 하나님의 말씀으로 듣도록 하라."

성경은 언제나 우리에게 행동 동기가 되고 있다. 곧 어떤 양태로든지 움직이도록 하고 있는 것이다. 국어공부는 문장력을 길러주고, 산수공부는 수학의 이론을 익히도록 하지만 성경공부는 그리스도의 뜻에 순종하도록 하는 것이다.

이것은 나아만 장군이 엘리사의 말을 듣고 요단강에 들어가 몸을 씻은 것을 말한다.

"나아만이 이에 내려가서 하나님의 사람의 말씀대로 요단강에 일곱 번 몸을 담그니 그 살이 여전하여 어린 아이의 살 같아서 깨끗하게 되었더라"(왕하 5:14).

하나님의 말씀을 들은 당신의 학급 아이들은 어떠한가? 아이들로 하여금 요단강으로 내려가도록 하라!

4. 성경을 적용하는 원리

성경의 의미는 하나님의 말씀이 오늘을 사는 우리의 삶에서 어떻게 역사하시는가? 에 있다. 성경은 모든 사람들에게 말씀하시는 하나님의 메시지라는 설명만으로는 부족하다. 성경은 나에게 말씀하시는 하나님의 메시지인 것이다.

따라서, 우리는 성경에서 나에게 말씀하시는 하나님에 대하여 주목해야 한다. 이것은 우리가 경건함 삶을 살아가는데 필수적으로 요청되는 것이다.

성경의 본문을 나에게 관련지어 살피는 작업을 우리는 '적용' 이라고 설명할 수 있다. 이 적용은 '개인적으로 하나님께서 자신에게 말씀하시는 성경의 의미' 라고도 말할 수 있다. 우리는 이 적용을 위하여 성경을 공부할 때마다 다음과 같은 질문을 자신에게 던져야 한다.

첫째 질문 : 내가 따라야 하는 모범이 있는가?
성경의 많은 부분이 위대한 사람들의 생애를 기록하고 있다. 여기에서 우리는 성경 속의 인물과 나 자신의 삶을 비교하여 어떤 진리를 발견해야 한다. 하나님께서는 사람들의 이야기를 통하여 '나' 에게 말씀하신다.

둘째 질문 : 내가 피해야 되는 죄가 있는가?
성경은 도덕적인 문제에 대하여 우리의 의식을 깨우쳐 준다. 우리는 성경을 읽음으로써 자신의 죄악된 행실을 발견한다. 성경의 여러 말씀들은 하나님께서 나의 '죄' 를 지적해 주시는 도구가 된다.

셋째 질문 : 내가 붙잡아야 하는 약속이 있는가?
성경은 기록되어 있는 말씀을 신실하게 지키시며, 또한 능히 약속하신 것을 이루어 주시는 분의 약속들로 가득 채워져 있다. 물론, 성경에 기록되어 있는 모든 약속들이 '나' 에게 주어진 것이 아닐 수도 있다. 그러나 성경의 약속이 교

회에 주신 것이므로 우리는 다 그 약속에 동참한다.

넷째 질문 : 내가 드려야 할 기도가 있는가?
우리는 성경에서 여러 유형의 기도를 본다. 그 기도들은 그들의 기도지만 동시에 내가 본받아야 할 기도다.

다섯째 질문 : 내가 순종해야 되는 명령들이 있는가?
성경의 이야기들 배후에는 강하고 분명한 명령들이 있다. 그 명령들은 내가 따르고 지켜야 할 강한 명령이다.

여섯째 질문 : 내가 구비해야 되는 조건이 있는가?
대부분의 하나님의 약속은 본문의 말씀 가운데서 제시된 '조건'에 근거하고 있다. 하나님의 약속은 늘 조건적이라는 사실을 간과해서는 안 된다. 그 약속의 내용이 엄청날수록 조건 역시 구비되어야 한다.

일곱째 질문 : 내가 외워야 하는 구절이 있는가?
성경의 모든 말씀은 외울 가치가 있다. 그러나 어떤 말씀 '오늘의' 나에게 더 강한 의미를 가져다주는 것이다. 하나님의 사람이 되기를 원하는가? 하나님의 말씀에 자신을 드려라!

여덟째 질문 : 내가 바로 잡아야 하는 교리적인 오류는 없는가?

그리스도인들의 일반적인 결점이 있다면 그것은 교리적인 이해에 간과되어 있다는 사실이다. 교리는 건전한 믿음의 초석이 된다. 그러나 교리의 무지는 그릇된 믿음을 지니게 한다.

5. 배우고 확신한 일에 거하게 하라

우리의 아이들이 어떻게 공과공부 이후의 다음 주일을 보낼까? 우리들이 아이들을 사랑하는 만큼 그들이 하나님의 사랑을 받도록 도와야 한다. 우리 아이들은 부모의 사랑을 받아야 마땅하지만, 그 이전에 하나님의 사랑과, 하나님의 존귀하심을 받아야 한다.

만일, 우리가 신명기 28:1절의 "네가 네 하나님 여호와의 말씀을 삼가 듣고 내가 오늘날 네게 명하는 그 모든 명령을 지켜 행하면 네 하나님 여호와께서 너를 세계 모든 민족 위에 뛰어나게 하실 것이라"는 말씀을 믿는다면, 우리 아이들이 이 복을 받도록 해야 한다.

사도 바울은 젊은 디모데에게, 이렇게 충고하였다.

–'너는 배우라.'

–'확신한 일에 거하라.'

왜, 배우고 확신한 일에 거하라고 할까? 우리의 생명을 보장해 주기 때문이다. 디모데가 배워야 할 것은 다름 아닌 성경이요, 디모데가 확신해야 할 것도 성경의 진리였다.

디모데가 성경을 배우고, 성경의 진리를 확신할 때 그는 하나님의 사랑으로 온전해질 수 있었다. 그렇다면, 오늘날 우리들도 디모데처럼 해야 한다.

1) 배워야 함

디모데는 어려서부터 성경을 배웠다. 그의 오조모 로이스와 어머니 유니게로부터 성경을 배우고 자라났다. 그런데도 지금 또 배워야 하였다. 디모데는 성경을 쉬지 않고 배움으로써 진리에 대한 확신 안에 머물러야 했기 때문이다.

예수님께서 말씀하시기를, 마태복음 7:7절에 의하면 “찾으라 그러면 찾을 것이요”라고 하셨다.

우리는 성경의 진리를 아이들에게 찾아 주어야 한다. 그들이 성경을 읽고, 연구하고, 묵상하면서 생명의 진리를 찾아야 한다.

만일, 성경을 배우지 못하면 어떻게 될까? 호세아 선지자는 “내 백성이 지식이 없으므로 망하는도다”(호 4:6)라고 탄식하였다.

우리는 믿음에는 열심히 있으나, 성경을 배우려 하지 않는 아이들을 종종 볼 수 있다. 그런데 보라? 바로 배우지 아니하여, 바로 알지 못하는 열심히 얼마나 위험한지 모른다. 이단이 어떻게 해서 나왔는가? 바로 알지 못해서다.

2) 확신한 일에 거해야 함

이것은 배워서 알게 된 진리 안에 머무르라는 말씀이다. 성경을 배우면 확신이 생긴다. 성경은 어느 한 단어라도 진리가 아닌 것이 없으므로 그것을 배우는 사람에게 확신을 준다. 그리고 이 확신은 자신을 갖게 한다.

다윗은 하나님에 대한 진리의 확신으로 말미암아 이렇게 고백하였다.

“내 마음이 확정되었고, 내 마음이 확정되었사오니 내가 노래하고 내가 찬송하리이다”(시 57:5).

우리의 모든 어린이들은 당당하게 살아가야 한다. 이 당당함이 어디에서 비롯되는가? 바로 확신이다. 성경으로 말미암은 진리에 대한 확신에 거할 때 나의 모습이 조금도 비굴해지지 않고, 세상을 이기며 당당해지는 것이다.

여호수아가 어떻게 여리고 성읍을 정복하겠다고 앞장설 수 있었는가? 하나님께서 여호수아에게 오셔서 여리고 성읍을 여호수아의 손에 붙여 주시겠다고 하셨기 때문이다. 그 말씀을 의지할 때, 여호수아의 눈에 여리고 성읍과 여리고 백성들은 '밥'으로 보였고, 그는 큰 성읍을 무찌를 수 있었다.

사사 옷니엘을 보라? 이스라엘이 메소포타미아의 압제를 받고 있었으나, 구산리사다임 왕이 워낙 힘이 센 장수였기에 이스라엘 백성들은 괴로운 종살이 나날을 보낼 수밖에 없었다. 옷니엘은 하나님의 말씀의 확신에 거할 때, 용감하게 일어났고, 구산리사다임 왕과 싸워서 이길 수 있었다.

우리는 성경에서 믿음으로 승리한 사람들의 이야기를 많이 볼 수 있다. 그들이 역경을 이겨냈던, 그 비결은 하나님의 말씀에 대한 확신에 거할 때였다. 그렇다면, 아이들이 믿음으로 승리의 삶을 살 것을 소망하면서 그들에게 진리 안에서 살아가도록 격려하는 우리들이 되어야 한다.

6. 과제물과 차시학습의 예고

과제물은 수업의 연장이며, 학습에 대한 연습이므로 교수-학습에 포함되어야 하는 것이다.

흔히 과제물이라고 하면 수업의 결손을 보완하는 것처럼 여기는데, 사실은 수업 그 자체라고 할 수 있다. 다시 말해서 교사는 교수-학습의 정리단계에 과제물까지 포함해야 한다는 것이다.

물론, 경우에 따라서는 숙제가 학습결손의 보완책으로 강구될 수도 있다.

그러나 그것은 예기치 않은 학습사태에서 교사의 재치로 대응될 수 있는 것일 뿐 교사의 준비된 교수-학습 과정은 아닌 것이다.

전통적인 교수-학습은 연역법을 많이 따르고 있으므로 과제물은 귀납적인 방법을 선택하는 것이 바람직하다.

- 아브라함이 이삭을 제물로 드리게 된 동기가 무엇이라고 생각하는가?
- 만일 내가 아브라함이었다면 소돔 성에 대하여 어떻게 하나님께 기도하였을까 써보자.
- 눈이 뽑히고 희롱을 당한 삼손이 최후의 기도를 하게 되었던 심정을 생각나는 대로 써보자.
- 삭개오가 예수님을 영접한 다음에 했던 일과 내가 예수님을 믿기 시작한 다음에 했던 일을 비교 조사해 보자.

과제물은 단순히 '예', '아니오'로 답변하는 문제를 풀도록 한다든지, 성경을 어느 분량 정도 읽으라든지 하는 형태여서는 안된다. 그것은 아이들의 내용전개에서 발견한 진리를 삶 속에서 진리에 대하여 반응하는 것을 그대로 나타내거나 어떤 작업을 통해서 드러내는 체험이 있도록 해야 하는 것이다.

따라서 당신은 교수-학습을 전개하기 전에, 교안을 작성할 때 숙제를 세밀히 준비해야 한다.

복음주의 교사훈련협회 지도자들은 과제물에 대하여 이렇게 진술하고 있다.

"숙제를 흥미가 넘치는 방향으로 내주면 학급 아이들의 관심과 열심을 불러일으킬 것이다."

이것은 과제물의 성격을 말하는 것으로 아이들이 재미를 느끼면서 숙제를 할 수 있도록 기획되어져야 한다는 것이다.

과제물은 교실에서의 수업처럼 단조롭고 무거워서는 안 된다. 그것은 우선 재미있어야 한다. 헤르만 호온도 '예수님과 흥미'를 다루는 글에서 "예수님께서는 군중들의 흥미를 끌기에 충분하셨다"고 지적하였다.

사실, 재미있어야 아이들은 덤벼든다. 재미를 얻는다는 약속은 아이들에게 참여 동기를 강하게 주는 것이다.

과제물로써 정리가 마쳐지는 것은 아니다. 다음 시간의 학습에 대하여 소개하는 따위의 차시 학습의 예고가 있어야 하는 것이다.

이것은 다음 학습을 기대하도록 하는 일이므로 교수-학습의 원칙에 있어서 대단히 중요하게 다루어져야 한다. 클라렌스 벤슨은 아예 이렇게 말하고 있다.

"수업시간에서 마지막 몇 분은 학생들로 하여금 다음에 이어지는 교과에 나올 내용을 준비하도록 하는 적절한 시간이다."

수업의 정리에 대하여 이보다 더 학습을 극대화하는 방안은 없을 것이다. 본교시 교수-학습에 있는 정리단계는 당연히 차시 학습을 위해서 쓰여져야 한다.

당신은 영화를 보러 극장에 갔을 때 본 영화가 상영되기 전에 '예고편'을 보았을 것이다.

그때, 당신은 어떠한 마음이었는가? 틀림없이 그 예고편의 영화마저도 보고 싶다는, 그저 보고 싶다는 것이 아니라, 꼭 보고 말겠다는 생각을 했을 것이다.

벤슨의 이야기를 한 번 더 옮겨 보겠다.

"다음 몇 주(몇 시간) 동안에 펼쳐질 것을 흥미 있게 제시해 주면 학습자의 의욕을 돋아 주게 된다."

관심이 없는 항목에 대해서는 학습이 일어날 수 없다고 헤임 기너트도 이야기 한 바 있다.

그런 까닭에 학습에 대하여 관심을 불러일으키는 일은 당신이 할 일 가운데서 소홀히 다루어서는 안 될 일이다.

4부

교수-학습의 완성

012_Steps

공과공부 이후 어떻게 아이들을 지도해야 하는가?

1. 애들과 교회 밖에서 만나라

교회 안에서 자라나는 아이들에 대한 하나님의 소망은 무엇일까? 그것은 사도들의 바람으로도 나타난 구원에 이르도록 자라는 것이다. 그리고 이 자람에 있어서 구체적인 모형은 예수님의 어린 시절이다. 우리에게 육체와 함께 지성과 감정, 의지가 있으며, 사회적인 존재라면 마땅히 예수님의 성장이 보여 주고 있는 모습을 자람을 향한 '준거틀' 로 삼아야 한다. 누가복음 2장 52절을 찾아보자.

"예수는 그 지혜와 그 키가 자라가며 하나님과 사람에게 더 사랑스러워 가시더라."

사람의 성장에서 나타나는 발달의 내용은 육체의 발달과 정신(지성)의 발달, 의지의 발달, 사회성의 발달 그리고 종교적인 특징이라 말할 수 있는 영성의 발달이 있다. 예수님의 성장과정은 다음과 같이 요약하게 해 준다.

그 키가 자라가며 – 신체적인 성장

그 지혜와(자라가며) – 지적인 성장

하나님과(사랑스러워 가시더라) – 영적인 성장

사람에게 더 사랑스러워 가시더라 – 사회적인 성장

우리는 교회에서 자라나는 아이들에게 대한 성장의 모델을 예수님에게서 찾아야 한다. 그리고 예수님처럼 자라도록 하는 일에 사역으로의 도전을 받아야한다.

그렇다면 우리의 초점은 주일학교가 아니라 어린이들이나 청소년들 개개인의 삶이어야 한다. 우리의 과제는 한 시간의 공과공부가 아니라 그들을 키우는 것에 있다. 여기에서 교사의 직무를 이해해야 한다.

에베소서 4장 12절을 교사의 강령으로 삼아야 하는 것이다.

"이는 성도를 온전케 하며 봉사의 일을 하게하며 그리스도의 몸을 세우려 하심이라."

그렇다면, 우리는 더 이상 '주일' 학교만을 고집해서는 안 된다. 우리가 자라나는 세대를 향하여 기독교 양육을 하기 원한다면 주일학교의 형태를 뛰어넘는 확장교육에 관심을 가져야 한다. 우리는 이러한 개념을 교회에서의 '열린교육' 이라 이름 붙여도 좋을 것이다.

이를, 평면적으로 말해 본다면, 시간적인 의미에 있어서 주일에

만으로 국한되는 주일-교회학교가 아니라 주간-교회학교 또는 '평일' 교회학교가 되어야 한다. 그리고 교회의 교육기관 명칭에 대하여 주일학교는 보수적인 교육을 의미하고, 교회학교는 진보적인 교육을 의미한다는 종래의 개념에서 자유로워 져야 한다.

필자는 이와 같은 교육형태에 대하여 별도의 명칭을 붙이고 싶지는 않다. 그것은 필자가 학자가 아니기 때문이다. 또한 전통적으로 한국 교회는 명칭에 대하여 예민한 정서를 갖고 있기 때문이기도 하다. 근래에는 '열린' 이라는 사회적인 용어를 채용하여 '열린교육' 을 말하기도 하는데 이것은 보수를 간직하려는 교회의 정서에 긴장을 초래하는 용어가 되기 쉽다.

2. 사랑으로 만날 계획을 세워라

학생들과 교실 바깥에서 시간을 보내라 주의 할 것이 있다! 우리가 이렇게 하는 동기에는 사랑이 있어야 한다. 그렇지 않으면 실패로 끝난다. 학생들은 의무감에서 비롯되는 관심에는 분개한다.

학생들은 사랑에서 비롯되는 관심에는 반응을 나타낸다. 때때로 학생들과 함께 5분간 공놀이를 하면, 교실에서 다섯 시간 이상 하는 것보다 더 많이 한 아이의 마음을 감동시킨다.

교실 안에서 학생들과 함께 시간을 보내라고 하면, 어떤 이들은 이렇게 말할 것이다.

"물론 저는 그들과 교실에서 시간을 보내고 있습니다. 저에게는 선택권이 없습니다."

그러나 많은 교사들이 교실에서 공과에다 자기들의 전 시간을 보내지 자기 학생들에게 전 시간을 보내지 않는다. 공과의 내용을 가르치는 것과 공과를 가르치는 계획을 하는 것과는 커다란 차이가 있다. 우리는 공과를 가르치기 위해 계획을 해야만 한다. 때때로 그것은 공과 계획을 창문 밖으로 집어던지는 것을 의미한다.

필자가 만났던 한 교사는 이런 말을 하였다.

"내가 지금까지 가르쳤던 것 중에서 가장 좋은 공과는 내가 아이들의 눈을 들여가 보고, 그들의 행동을 주시해서 보고, 그들이 하는 말을 듣고, 그들의 필요를 깨닫고 그들의 필요를 채워주기 위해 나의 공과계획을 팽개치는 시간들이었다."

한 훌륭한 교사는 자기 공과를 자기 학생들이 바로 지금 가지고 있는 필요들을 채워주는데 응용했다. 아브라함의 순종에 대한 공과는 사랑하는 사람을 잃어버리는 것과는 아무 상관이 없다. 하지만 형국이가 자기 할머니가 그저께 돌아가셨기 때문에 눈에 눈물이 고인 채 걸어 들어오고 있을 때, 애정어린 교사는 아브라함의 순종을 하나님의 위대한 사랑과 위로에 관한 놀라운 이야기로 훌륭하게 바꾸었다.

"학생들이 어떤 필요를 가지고 있는지 제가 어떻게 알 수 있나요?"

만일 우리가 그들을 충분히 사랑한다면, 그들이 어떤 필요를 가지고 있는지 찾아 낼 수 있고, 또한 찾아낼 것이다. 만일 당신이 그들을 충분하고도 남을 만큼 사랑한다면, 당신은 찾아내지 않아도 될 것이다. 당신은 그들이 첫 번째로 이야기하는 사람이 될 것이다.

3. 교회 밖에서의 신앙교육

성경을 가르치고 익히는 학습현장에서 성경은 어떻게 해석되어져야 하는가? 주일학교 교사는 성경을 무엇으로 이해하고 있어야 하는가? '성경이 어떤 책인가' 하는 질문에 당신은 무엇이라고 대답하겠는가?

성경, 그것은 오늘을 사는 사람들에게 오늘 말씀하시는 하나님의 말씀이다. 성경은 과거의 책, 지나간 이야기를 서술하고자 하는 책이 아니다. 그렇다고 미래만을 위한 책 역시 아닌 것이다. 어떤 사람은 성경을 일컬어 꿈(vision)이라고 표현하기도 하였다.

그러나 이 같은 지칭은 코끼리의 몸 어느 한 부분을 만져보고서 '코끼리는 어떻다' 라고 하는 것에 지나지 않는다. 매주일 오전에 아이들 앞에서 성경을 가르치는 교사는, 다른 것은 아는 것이 없다 할지라도 성경이 오늘 말씀하시는 하나님의 말씀이며 오늘을 사는 우리들에게 주신 메시지(Message)라는 사실만큼은 알고 있어야 한다. 교사의 성경에 대한 이해에 따라 성경이야기 시간이 성경학습이 되든지 만담을 즐기는 일이 되든지 하기 때문이다.

성경에는 숱한 이야기들이 많이 있다. 주일학교를 1년 이상만 다녀도 아이들은 성경이 내용을 대충 꿴다. 그래서 교사가 성경의 어느 책 몇 장 몇 절을 읽고자 하면 어떤 내용이라는 것을 알고 있어서, 선생님이 들려주는 성경이야기를 듣는 것이 아니라 매직 테이프(magic tape) 놀이를 즐긴다. 즉, 교사가 어떤 이야기를 할 것이라는 것을 생각해서 머리 속으로 이미 성경이야기의 전개를 맞추어 나가는 것이다. 이러니 학습이 될리 만무하다.

주일 오전의 공과학습에 의존하는 성경공부는 어린이들의 영적인 필요에 대하여 인식하게 하며, 자극하고 채워 주는데 불과할 뿐이다. 성경학습은 삶에서 비로소 달성되는 것이다. 이렇게 될 때 신앙은 삶이요, 삶은 신앙의 표현이 된다.

우리는 성경학습을 통해, 성경이 오늘 하나님께서 말씀하시는 것으로 아이들에게 들려져서 이 말씀에 반응하는 삶을 사는 어린이들이 되도록 이끌어야 한다. 우리가 이 점을 깨달았다는 것은 큰 수확이 아닐 수 없다.

이제, 당신은 어떻게 하겠는가? 예배와 공과학습에만 초점을 두었던 성경학습의 고정관념에서 벗어나 교회교육의 학습현장을 넓히는 일부터 해야 할 것이다. 그래서 어린이들의 삶이 곧 학습현장이 되어야 하고, 학습시간이 되어야만 할 것이다. 이어서, 교회 밖에서 할 수 있는 교육 프로그램을 찾아내어 교육활동을 벌여야 한다. 교회 밖에서의 교육활동을 시작하려는 당신을 위해서 몇 가지의 프로그램을 제시해 본다.

이제, 여기에 소개하는 내용들은 교과서적인 것들이 아니고 아이디어에 지나지 않는다는 사실을 미리 밝히고자 한다. 프로그램 한 가지 한 가지에 당신의 생각과 기술, 그리고 당신이 지도하는 아이들의 상태를 고려해서 진행해야 할 것이다.

1) 엽서교실

주일 오전에 실시되었던 성경학습의 연장 프로그램이다. 성경학습은 성경의 내용을 배움→내용 속에 담겨진 진리를 발견함→발견한 진리를 자신의 삶에 적용시킴→진리에 순종하여 하나님께 반응을 드리는 삶이 있도록 하는 순서로 진행된다.

엽서교실은 네 번째 과정인 진리에 대한 순종을 권면하면서 그날 배운 성경학습을 보충해 주는 작업이다.

교사는 주일 오후에 엽서를 작성해서 월요일 오전에 부치도록

월요일부터 시작된 한 주간의 생활 속에서 어린이들은 말 그대로 세상에 파묻혀 지낸다. 어떤 통계에 따르면, 조사대상자 98명의 어린이들 가운데, 한 주간 동안에 교회에 대해 전혀 생각해 보지 않고 지내는 아이들이 64명이나 되었다.

뿐만 아니라 성경을 단 한 줄이라도 한 번 이상 읽어본 어린이들이 11명에 지나지 않았다.

이 조사는 서울에 있는 모교회 주일학교에서 무작위로 아이들을 뽑아서 알아본 것인데, 여기에서 우리는 대부분의 어린이들이 '주일신자' (Sunday Christian) 생활을 하고 있다는 것을 알게 된다. 이 같은 상황에 대처해서, 교사는 전화를 이용하여 생활 속의 신앙인이 되도록 이끌어야 하겠다.

주간 전화상담은 교사가 어린이들의 집을 전화로 방문해서 상담활동을 벌이고 온전한 믿음의 삶을 살도록 이끌어 주는 작업이다.

교사는 요일별로 아이들의 전화상담 날짜를 정한다.

하루에 단 한 차례로 여러 아이들에게 전화를 하고, 상담을 벌이는 것은 무리이다. 그것은 상담이라기보다는 교사의 의사전달에 그칠 우려가 있다. 상담을 어디까지나 개별적으로 진행되어야 하고, 피상담자에게 보다 깊은 관심을 나타내어야 하는 것이다.

그러므로, 하루에 두 명 또는 세 명(그 이상은 넘지 말라)의 어린이와 전화상담을 벌인다.

상담에서 다루게 될 내용으로는 '어린이가 지금 어떻게 지내고 있는가?' 를 파악하는 일을 비롯해서 크고 작게 겪는 갈등들을 조정

해 주며, 현실을 극복할 수 있도록 도움말을 해주는 것 따위로 한다.

여기에서 교사는, 우리의 영원한 도움은 하나님께 있음을 일러주어서, 어린이가 스스로 하나님께 나아가도록 한다.

교사는 우리의 삶에 있어서 영원한 인도자는 예수 그리스도라는 사실을 환기시켜 줌으로써, 어린이가 예수 그리스도를 중심한 삶을 영위하도록 돕는다.

주간 전화상담은 주로 '생활 속의 그리스도인' 이 되도록 양육하는 작업의 성격을 띠게 된다. 이 상담에서 지난 주일에 공부했던 성경학습의 내용 가운데 삶에 적용하는 문제들을 다루는 일은 일거양득이 될 것이다.

4. 토요일 밤을 체크해 주어라

우선적으로 점검해 보아야할 것은 주일학교의 주보를 통해 전체적인 주일학교의 흐름을 기억하도록 돕는다.

이번 주일에는 무엇이 있고, 어떤 공부를 하게 되며 어떤 행사를 하는지 파악하고 어린이와 함께 내일 있을 주일학교에 어떻게 참여할 자에 대해 이야기를 나누어 보라. 그리고 그들에게 묻는다.

"너는 이러한 모임에 이렇게 참여하면 어떻겠니?"

"성가대 모임이 재미있니?"

"그래 참 나는 네가 이러한 일을 해보는 것이 무척 대견스럽고 자랑스러워!"

그들의 관심과 흥미를 유발시키고 참여할 수 있는 동기를 갖도록 격려하는 것이 무엇보다도 중요하다.

성경공부의 점검도 토요일 밤에 해야 하는 중요한 일이다. 그 주일에 해야 할 성경공부의 예습 부분이다. 학교공부에 대한 관심을 가지듯 성경공부예습에 대해 반드시 관심을 기지고 점검하라! 학습은 예습으로 절반은 확인하는 법이다.

그러나 결코 우리는 "너 성경공부 예습 다 했어?" 또는 "요절은 다 외웠니?" 라고 하지 말라. 아이들은 공부에 너무 지겨워하고 있으니 공부로 접근하기보다는 그들의 삶에 자연스러운 방법을 택하라. 예를 들면, 우리는 간접화법을 통해서 이렇게 할 수 있다.

"내일 해야 할 성경 여행의 준비는 다 되었니?"

"어느 부분을 준비해야 하니?"

이것은 어린이들이 새로운 것에 호기심을 가지고 흥미를 보이는 것처럼 성경을 공부하는 것은 성경시대로 여행을 한다는 것에 착안한 방법이다. 만약 당신의 자녀가 준비가 안되었다면 "우리 여행을 같이 하지 않을래?" 라고 격려하면서 같이 하여 주라.

마지막으로, 참여에 대한 준비이다. 헌금을 준비해 주고 정성스럽게 하라고 말하고 드리기 전에 마음속으로 주님께 감사하다는 말을 하도록 요청하라? 필기도구를 준비하고 성경과 찬송가 및 공과책을 가방에 담아 잘 정리하도록 하라.

이것이 정리되면, "즐거운 요절 외우기 시간입니다!"라고 하며 요절을 같이 암송하라! 자연스럽게 대화 분위기로 이끌어 갈 수 있는 상황이 전개 될 것이다. 이것이 토요일 밤을 지내는 지혜이며, 당신의 아이들을 지혜롭게 하는 지름길이다.

5. 아이들과의 대화를 즐겨라

주일학교 교사 생활 중에서 가장 많은 부분을 차지하고 또 중요한 기능을 하는 것을 든다면 역시 어린이와의 대화를 빼놓을 수 없다. 간단한 인사말이나 농담과 같은 일상적인 것에서부터 복음의 의미에 대한 깊이 있는 내용에 이르기까지 어린이들과의 대화는 교사생활의 필수불가결한 요소라 할 수 있다.

그러나 이 대화가 항상 원활하게 이루어지는 것만은 아니며 때로는 교사가 처리하기 힘든 상황에 이르기도 한다.

더구나 그러한 대화가 단순한 이야기의 수준이 아닌 적어도 어린이 입장에서는 중요한 신앙의 문제나 교리를 이해하는 과정에 있어서 제기될 수 있는 내용을 담고 있다면 교사로서 더욱 신경을 쓰지 않을 수 없다.

사실상 주일학교 교사가 가장 두려워하는 것은 행사준비나 교사들 사이의 인간관계에서 발생하는 문제가 아닌 어린이와의 만남에서 겪게 되는 좌절감이라 할 수 있다.

이는 대화의 어려움이나 의사소통이 난점만을 말하는 것이 아니라 어린이와 나누는 대화 속에서 다가오는 하나님에 대한 자신의 무지함, 그리고 그런 자신이 이 어린이들과 함께 하나님의 사업에 동참하고 있음을 발견하는 교사로서의 자아정체감(self-identity)에 대한 문제까지 포함하는 것이다.

어린이와의 대화는 여러 문제점을 노출시키는 하나의 창구와 같은 역할을 하기도 하지만 이 통로를 적절히 이용한다면 어린이와 새로운 관계를 형성하는 것은 물론 교사로서의 자신감 형성, 나아가 어린이와의 만남 안에서 역동적으로 활동하시는 하느님의 존재를 발견하는 좋은 기회가 된다.

때때로 어린이들이 교사에게 던지는 황당무계한 질문들은 당혹감을 느끼게도 하지만, 바로 이때야말로 그 어린이와 실질적으로 친해질 수 있는 기회다.

질문에 적절하게 답하는 것은 궁금증을 품었던 어린이로 하여금 자신의 갈등을 해소 내지 해결할 수 있는 기회를 마련해줌은 물론이고 나아가 그 반 전체의 새로운 분위기 형성에 막강한 영향력을 발휘하게 될 것이다.

교사의 대답에서 자기들이 늘 들어오던 틀에 박힌 답답함이 아닌 자신들의 머리를 시원하게 만들어 주는 어떤 청량감을 느낄 때 어린이들은 신기할 정도로 공과학습에 빠져들기 시작한다. 눈을 말똥말똥 동그랗게 뜨고 말이다.

이때, 우리들이 어린이들에게 원하는 자립신앙의 기초는 형성되기 시작하며, 이 장면을 목격하는 것이야말로 교사로서 일하는 것에 대한 가장 값진 보답이 될 것이다.

교사들은 그들과의 대화에 대하여 연구해야 한다. 대화의 시간에 나타난 어린이들에 대한 면밀한 관찰 그리고 어린이와 나누었던 대화를 동료교사들과 다시 한 번 검토하는 일 등이 연구의 대상이다. 때문에 이 작업들이 좀 더 구체화되고 어린이들을 위해서 실질적인 영향력을 발휘하기 위해서는 이러한 관찰과 연구들이 개인적인 수준에서 그치는 것이 아니라 교사회 차원의 회합시간에 검토되어야 할 필요가 있다.

오늘날 어린이들의 공과학습에 대해 이야기하는 것을 보면 그 중요성에 대한 당위론적인 말들이 무성한 것 같다.

그러나 정작 이 문제에 대해 무엇을 어떻게 구체적으로 노력해야 하는지 또 실제로 공과학습을 담당하고 있는 교사가 어린이와 나누는 대화의 양상이 어떠한지를 이해하고 바로 거기에서 기초를 놓아가는 이른바 현장의 목소리가 담긴 방향성과 내용을 찾아보기는 쉽지 않다.

특히, 변화무쌍하게 달라져가고 있는 어린이들의 세계에 대한 이해와 그 세계 속에서도 역동적으로 활동하고 계시는 하나님의 역사에 대해 어린이의 입장에서 이야기하는 태도가 참으로 아쉽다.

참고문헌

강병진(1986), 아동교육, 서울: 기독교문서선교회

권낙원 · 김동엽(2006), 교수 학습 이론의 이해, 서울: 문음사

김영재(1990), 기독교신앙과 생활, 서울: 성광문화사

변영계(2005), 교수 학습 이론의 이해(개정판), 서울: 학지사

신현광(1997), 교육목회와 교회성장, 서울: 민영사

오인탁(1989), 기독교교육, 서울: 종로서적

장상호(1998), 교수 학습 그리고 의사소통, 서울: 교육과학사

정일웅(1992), 한국교회의 기독교신앙교육, 서울, 목양출판사

Clifford Ingle, 김형남(1995), 어린이와 회심, 서울: 요단출판사

George R. Knight, 박영철(1995,), 철학과 기독교교육, 대전: 침례신학대학출판부

Golden H. Clark, 나용화(1992), 장로교인들은 무엇을 믿는가, 서울:개혁주의신행협회

Harry M. Piland, 유경애(1986), 교회학교 기본사역, 서울: 침례회출판사

Howard G. Hendricks, 김의원 · 조남수(1994), 삶을 변화시키는 교사입니까, 서울: 아가페문화사

John Trent, 김원주 옮김, 라이프맵핑, 서울: 요단출판사, 1999, 1판 1쇄

Lois E. Lebar, 옮긴이 미상(1983), 사람에게 중점을 둔 교회교육, 서울: 생명의말씀사

Lucien E. Coleman, Jr., 이상대(1983), 유능한 성경교사가 되는 길, 서을: 요단출판사

Michael Griffiths, 림택권(1987), 예수님의 모범, 서울: 기독교문서선교회

Philip R. May, 정애숙(1993), 어떤 교사가 될 것인가, 서울: 한국기독학생회출판부